\ JUKEN MESHI! /

受験メシ！

管理栄養士
マリー秋沢

はじめに
子どもの学力は「何を食べるか」で変わる！

受験生のみなさん、そして受験生のお子さんを支えるお母さん、お父さん。

毎日、本当にお疲れさまです。今、人生の岐路に立ち、悩んだり喜んだりしながら、一日一日をがんばっていらっしゃることでしょう。

そして、受験はまだ先のことだけれども、「ウチの子はこのままで大丈夫かしら」「意欲的に勉強させるにはどうしたらいいのだろう」「今のうちから、親としてできることはやっておきたい」と日々考えている親御さんも多いと思います。

そんなみなさんにぜひ知っていただきたいことがあります。


「食事を変えるだけで、子どもの成績が上がる」

「おやつに何を食べるかで、やる気や集中力がまるで違ってくる」

ということについてです。

私たちの体は、心の状態も含めて、すべて食事でとった栄養からできています。

それは、脳も同じです。脳の細胞も食べものの栄養が材料となって、日々、新しく生まれ変わっています。

私たちの**記憶力や思考力、集中力、そして意欲は、何を食べるかでまるで違ってくる**ということです。

お母さん、お父さんは、「当たり前のこと」として毎日の食事を用意していることでしょう。「当たり前の日常」は、一人の子を立派に育て上げていく尊い作業の連続です。その素晴らしい食事づくりに、栄養学の知識をほんの少し入れてみてください。

それだけで、お子さんの素晴らしい脳力をさらに引き出すことができるのです。

この食事づくりに、難しいことは何もありません。

必要なものをとり入れ、不必要なものはできるだけ避ける——。

それだけで、お子さんの脳はイキイキと活性化していきます。

たとえば、どんなことが起こると思いますか？

記憶力や思考力、集中力など、すべての脳力がアップします！

メンタルが安定して、やる気もアップします！

とくに受験期は、不安が募り、ナーバスになることも多くなります。模試の結果に落ち込んだり、不安になったりするのは、当然のことです。

ただ、そんなネガティブなメンタルも、**食事を変えたとたん、ポジティブなメンタルに変わっていき、いつまでも引きずらなくなります**。ポジティブな感情を生み出す「脳内ホルモン（神経伝達物質）」を多く分泌できるようになるからです。

勉強をするためには、とにかく大量のエネルギーが必要です。

でも、食事の仕方を変えるだけで、「さあ、勉強するか！」と自ら前を向けるだけのエネルギーを生み出せるようになるのです。そうなれば、

「勉強しなさい！」

「そんなにのんびりしていて、勉強しなくていいの？」

などと、**口うるさく言うこともなくなっていく**でしょう。

これらはすべて親心から出てくる言葉です。しかし、心配する気持ちから出る言葉は、残念なことに、子どもの心に反発を生みます。何より、これらの言葉を発してい

るときの親御さんのストレスは相当なものだと思うのです。

でも、食事は違います。食事は、子どもを元気に、ポジティブにします。食べることは生きる根幹だからです。欠かすことのできない命の営みである食事からは、言葉にならない多くのことが伝わっていきます。

「子どもの将来が、よりよいものであってほしい」

そんな親御さんの願いと愛情とエールを伝えるツールとして、食事ほど効果的なものはないと思います。

じつは、私が『受験メシ！』というタイトルで食事療法の本を書こうと考えたのには、きっかけがあります。**現代の子どもたちは、赤ちゃんの頃から糖質を過剰に摂取しています。**それが、能力やメンタルの状態を不安定にし、健康を損なわせてしまっている。そんなことを感じる出来事とたびたび遭遇してきたからでした。

糖質とは、炭水化物から食物繊維を引いた栄養素のこと。ごはんやパン、麺類などの主食のほか、スナック菓子やスイーツ、スポーツドリンクやジュースなどの清涼飲料水にも豊富に含まれています。

育ち盛りの子どもにとって、適量の糖質は必要です。しかし、**適量を超えて糖質を**

とりすぎてしまうと、体だけでなく脳やメンタルにも悪影響を与えてしまいます。

残念ながら、そのことをご存じない親御さんが非常に多いのです。

今、ちょっとしたことにキレたり、意欲が感じられなかったり、集中力が続かなかったりする子が目立ちます。うつ病や起立性調節障害になる子も増えたと感じます。

ただ、それも、糖質のとり方を変えるだけで、改善を促すことができます。

子どもにとって、食事は心身に加えて脳を支える大切なエネルギー源です。ストレスや疲労がたまりやすい毎日のなかで勉強に集中するには、**栄養学の知識をとり入れた食事が効果的**なのです。それによって、健康を維持しつつ、脳力を最大限に引き出すことができるようになっていきます。

勉強をするのは子ども自身ですが、**子どもに脳力を引き出すためのエネルギーを与えるのは、親御さんの仕事**なのです。

本書では、子どものメンタルを整え、記憶や思考、集中などの脳力をアップさせ、心身ともに健康にする食事――**「受験メシ」**の実践法を栄養学の知識から紹介します。

「受験メシ」と銘打っていますが、本書で紹介するのはすべてのお子さんの潜在的な能力を高める食事法。今日から始めれば、そのぶん速く効果を実感できるでしょう。

子どもの学力は「何を食べるか」で変わる!

1章では、どんなことに注目して食事をつくっていくと、お子さんの記憶力、集中力、思考力、そして意欲を伸ばしていけるのかを中心にお伝えします。詳しくは本文で紹介しますが、最大のポイントは「**血糖コントロール**」です。

2章から5章では、**「頭の働きがよくなる」「記憶力&やる気を高める」「メンタルを安定させる」「感染症を防ぐ」**といったテーマごとにおすすめの食材を紹介します。また、子どもの脳活に最適で、簡単につくれる料理のレシピも掲載します。

そして6章では、受験メシの肝となる「味噌汁」についてお話しします。

味噌汁のパワーは本当にすごい! この素晴らしい料理をさらに充実させることができれば、子どもの脳と健康を守る最高のパワーフードになります。

受験は、お子さんの未来に向けての大事業です。だからこそ、悔いのないようがんばり抜いてほしい。その親心は、毎日の食事づくりで表現しましょう。受験メシの実践が未来永劫、みなさまに笑顔の花を咲かせ続けることを心の底から願っています。

管理栄養士　マリー秋沢

子どものメンタルを整え、記憶や思考、集中などすべての脳力をアップさせ、心身ともに健康にする食事——それが「受験メシ」です。

主に、8つの効能があります。毎日の食事をちょっと工夫することで、子どもの成績はみるみる上がっていきます！

5 親に「勉強しなさい」
といわれなくても、
自ら勉強する！

6 幸福感が高まる！
笑顔が増える！

7 **熟睡できる！**
朝もスッキリ起きられる！

8 **免疫力が高まる！**
風邪をひかなくなる！

「受験メシ」8つのすごい効果!

1 頭の働きがよくなる!

2 記憶、集中、思考……
すべての脳力が高まる!

3 イライラしなくなる!
メンタルが安定する!

4 勉強や将来に前向きになる!
やる気が高まる!

『受験メシ』って、どんな食事法？

受験メシの最大の特長は、**「糖質に気をつける」**、つまり、**血糖コントロール**にあります。食事の効能を最大限に高めるポイントを紹介します。

1 「糖質」に気をつける（「血糖コントロール」をする）。

主食や間食のとり方を変えると、イライラや疲労感が減り、集中力が高まる。

2 献立は「一汁三菜」が基本。

脳の働きに必要な栄養素をバランスよく摂取し、ポジティブなメンタルを築く。

3「たんぱく質」の摂取量を増やす。

肉、魚、卵、大豆製品などからたんぱく質をたっぷりとり、丈夫で元気な脳細胞や免疫細胞をつくり出す。

4「良質な脂質」をしっかりとる。

脳細胞の質は、毎日摂取する油で決まってくる。加熱調理にはEVオリーブオイルとココナッツオイルを使い、亜麻仁《あまに》油やMCTオイルを生のままとる。

5 具だくさんの「味噌汁」を飲む。

天然素材でとった出汁《だし》は脳を元気にする。子どもの体調にあわせて具を選ぶと、最高の滋養食に！

JUKEN MESHI MENU

それでは、さっそく「受験メシ」とは

どんな食事なのか、見本を紹介します。

「和風」「洋風」、どちらでもお好みでどうぞ！

洋

主食 卵チーズパン（レシピ154ページ）

汁物 玉ネギとマッシュルームのミルクポタージュ

主菜 豚肉のカレー風味焼き
（調理油にココナッツオイルを使用。
サニーレタスとミニトマトを添える）

副菜1 半熟卵と野菜のココット（レシピ153ページ）

副菜2 小松菜とバナナの
アーモンドミルクのスムージー

『受験メシ』のメニューを紹介します！

和

主食 発酵玄米パック

汁物 具だくさん味噌汁
（鶏ミンチ、キノコ、高野豆腐、乾燥ワカメ）

主菜 カツオの大根おろし和え（レシピ152ページ）

副菜1 サニーレタスと海苔としらすのサラダ

副菜2 納豆

もくじ CONTENTS

2章 頭の働きがよくなる！ おすすめ食材

3章 記憶力&やる気を高める！ おすすめ食材

4章 メンタルを安定させる！ おすすめ食材

5章

「受験の大敵」感染症を防ぐ！ おすすめ食材

6章

子どもの脳と腸は「味噌汁」で活性化する

体験談 1

東京大学合格！
これがわが家の「受験メシ」

東京大学
Y・Wさん

今年の4月、息子は幸いにも東京大学に合格することができました。

みなさまの参考になればと思い、**わが家の受験メシ**をご紹介させていただきます。

息子は幼い頃からアレルギー体質でした。私は料理が得意ではなかったので、最低限、食材をローテーションさせることを心がけてきました。たとえば、肉なら「牛↓鶏↓豚」、魚なら「イワシ↓鯛↓カレイ↓アジ↓鰻」、牛乳も購入するたびにメーカーをかえるというように、1つの食品に偏ることがないようにしたのです。

そんなある日、マリー先生の料理教室で血糖コントロールの重要性を知りました。それをきっかけに、ごはんなど主食の量を抑え、たんぱく質の量を増やすことを始めました。味つけも砂糖ではなく、血糖値の急上昇を抑えるラカントを使用しました。

食事づくりでとくに気を配ったのは彩りです。とくにお弁当は、勉強の合間にとる食事。その時間を楽しめるよう**彩りを考え、品数を増やしました。**

たとえば、肉は2種類以上入れ、異なる緑黄色野菜を組み合わせました。1品は牛肉と小松菜の炒めもの、もう1品は豚肉とピーマンの炒めものという感じです。

炒めものには酢醤油やカレー粉を使うと、とてもおいしくなります。焼き魚も、バジルソースを塗ったり、チーズをのせたりすると、食欲がわくようです。なお、イワシとトマトの圧力煮は、息子の大好物でよくつくりました。

さらに、梅干しは抗糖化作用があるとマリー先生に教えていただき、**お弁当には必ず梅干しを1粒入れました。**

受験3カ月前からは、私の受験メシも臨戦態勢に入りました。糖質のとりすぎを防ぐため、白米にもち麦やキヌア、小豆、十六穀米などを混ぜて炊きました。また、高たんぱく質の食事にするため、**毎食とも、魚と肉の両方を調理**しました。

発酵食品もよいとのことで、味噌は熟成がより進んだものを探し、納豆も調理を工夫してできるだけ食べさせました。醤油麹を自分でつくり、醤油のかわりに、焼き魚やサラダ、豆腐、お浸しなどに使用。醤油麹は甘みがあるため、「醤油より料理がおいしくなる」と息子はいっていました（醤油麹のつくり方は174ページ）。

受験前の3日間は、食べなれている和食のメニューにし、前日の夜は、消化がよくて高たんぱく、栄養価も高い鰻をふるまいました。

受験日のお弁当で何より大事にしたのは、味噌汁です。出汁の効いた味噌汁をポットに入れて、アツアツを飲めるようにしました。試験会場は寒いことが多く、また、緊張で体もかたくなっています。そんなときに、出汁の効いたアツアツの味噌汁は、リラックス効果があってよかったようです。

以上が、私が主に行なった受験メシの内容です。

受験勉強をがんばるのは子ども自身ですが、食事づくりを通して、私も彼に伴走したような一年でした。

息子は大学に進学して家を離れたため、今は別々に食事をしています。桜が咲く入学式、笑顔で新しい一歩を踏み出すわが子を見て、受験期間中、**食事づくりをがんばってよかったと実感。**

食事で受験勉強をサポートした経験は、私自身にとっても息子との絆を深めることのできた大切な宝物になっています。

体験談 2

主食とお菓子は減らし、たんぱく質と母の愛は惜しみなく

兵庫県西宮市
難関私立高校
Y・Tさん

約10年前から、私は健康のために主食やお菓子などの糖質を控えるようにしてきました。高校3年生の娘も、小学生の頃から自然と同じ食生活を続けています。

わが家では、おかずをしっかり食べることが基本のスタイルです。

とくに朝食は、一日のスタートを切るための大切な食事なので、豪華にするよう心がけています。今、娘は受験生で、夜遅くまで塾で勉強しています。そのため、晩ごはんは控えめにして、そのぶん、朝食で多くの品目をとらせるようにしています。

たとえば、**朝食には肉と魚の両方を用意**し、**卵は目玉焼きにして2個**食べさせます。サラダや煮物も欠かせません。親子丼や豚カツ、キンピラなど、調理に時間がかかるものは前日の夜に準備しておきます。

とくに気をつけているのは、たんぱく質の量です。脳細胞の材料となるたんぱく質

は、毎朝しっかりとらせています。

また、甘味料には血糖値を急上昇させないラカントを使い、塩はミネラルたっぷりの天然塩を使用。**ビタミンやミネラルも、食事からの摂取を基本**にしていますが、不足しがちなぶんはマルチビタミン&ミネラルのサプリメントで補っています。

このような食生活を続けてきたおかげで、娘も糖質の影響を体で敏感に感じとれるようになりました。**勉強の合間に食べるのはサラダチキン**で、おにぎりなどは「眠くなるからいらない」というほど。

おかげで、娘はいつも前向きで元気いっぱい。モチベーションも高く、毎朝5時半にすっきりと自ら起きて、学校へ行きます。

私も早起きして朝ごはんをつくるのが日課ですが、娘の「お母さんの朝ごはんが毎日楽しみ！」という言葉が、私自身の励みになっています。

娘が志望大学に向けて一生懸命勉強している今、私は食事を通して彼女を応援したいと思っています。**言葉では伝わりにくい親の思いを、毎日の食事に込めています。**

そして、娘が将来独り立ちしたとき、この食の記憶が彼女の健康づくりをいつまでも支えてくれることを願いながら、今日も早起きして朝食をつくっています。

体験談 3

受験と夢に挑むエネルギーは毎朝の食卓から

中央大学 Y・Eさん

私の長男は今年、成人式を迎えました。彼は小学校から中学校にかけて友だちとうまくいかないことが多く、何度も輪から外れてしまうことがありました。親として大切なことを伝えてもすぐに忘れてしまうし、注意すると「うるさい！」と反発する。正直なところ、「子育てって難しい」と日々、感じていました。

彼が中学2年生の1月、私自身が食事の大切さを学ぶ機会があり、まずは朝食を変えました。それまでは、前日に買ってきた**お惣菜や冷凍食品をよく使っていましたが、そうしたものを極力控える**ようにしました。

かわりに薄切りの豚肉や魚、卵は焼くだけというシンプルな調理法ながら、たんぱく質をしっかりとれるようにし、豆腐や納豆も食卓に並べました。サラダには亜麻仁油としらす干し、黒ゴマを必ずかけ、温野菜も焼いたり電子レンジで加熱したりするだけというシンプルな調理法で「ＯＫ」としたら、品数を簡単に増やせました。

とくに大事にしたのは味噌汁。安価な顆粒出汁を使うことをやめ、煮干し粉や出汁パックで出汁をとり、ワカメのほか、不足しがちなビタミン、ミネラルを補給できるよう、具だくさんの味噌汁を毎日つくりました。

この食事を始めて4カ月後のことです。中学3年生になってはじめての模試で、彼の**成績がいっきに上がりました。**志望校を偏差値が10も上の学校に自ら決め、学校から帰宅するとすぐに塾へ行って自習し、塾の授業が終わってからも勉強して帰ってくるようになったのです。そして**無事、志望校に合格**できました。

振り返ると、私が食の重要性に気づき、栄養について学び、心をこめて食事をつくるようになったあのときが、わが家の転機だったと感じます。高校では友人に恵まれ、「学校が楽しい」とはじめて彼の口から聞いたときの喜びは、言葉ではいい尽くせません。大学受験も無事に終わり、今はご縁があった大学で、夢に向かって一歩ずつ前進しています。私が早く栄養について学び、食事づくりを大切にしていれば、彼はもっと楽しく小・中学校時代を過ごせたのではないかと思うこともあります。

それほど、**食事づくりとは、子育てにおいて大切な作業**だと実感しています。

1章

子どもの成績は「血糖コントロール」で決まる！

「朝食はパンだけ」では、勉強をがんばれない！

「朝ごはんは、パン派？　それとも、ごはん派？」

こんな会話をよくしませんか？　あなたの家庭はどちらでしょう。

「忙しくて手間をかけられない」「子どもが好きだから」などといった理由で、朝食にパンを食べる家庭は多いと思います。「とりあえずパンさえあれば、ほかにおかずはいらないからラク」とパン派を貫いている人もいるでしょう。

ですが、これから受験という大きな山を子どもに登り切らせるために、ちょっと立ち止まって考えてみてください。

じつは、**小麦粉でつくられたパンは、脳によくない影響を与える可能性**が考えられるのです。

小麦粉には、「**グルテン**」というたんぱく質が含まれます。パンのフワフワ感、パスタやうどんのモチモチ感こそ、グルテンの働き。白くてフワフワのパン、モチモチッとコシのあるうどん、とてもおいしいですよね。子どもたちも大好きだと思います。そのおいしさをつくるために、最近の小麦粉は品種改良によってグルテンの量が多くなっています。

ところが、そのグルテンは、**腸の粘膜に炎症**を起こす可能性があるうえ、継続してとることで体が過敏に反応するようになると、脳に悪影響を与えると報告されています。

脳にまるで霧がかかったようにボーッとし、やる気が起こらず、考える力も落ち、体がズドーンと重くなってしまう。「**ブレインフォグ（脳の霧）**」と呼ばれるその症状は、グルテンに過敏に反応するようになると、起こりやすいといわれているのです。

授業の1時間目は体がだるくて集中できない。もしくは、給食の次の授業は無力感に襲われてしまう。そんな背景には、もしかしたらグルテンの害があるかもしれない……これは、けっして否定できません。

そしてもう1点、「朝食に小麦粉のパンだけ」という選択が、子どもの能力を邪魔していいるかもしれない理由があります。

それこそが、本書でいちばんにお伝えしたい問題点です。

朝食は、英語で「ブレックファースト（breakfast）」。「ブレック（break）」は「中断する、壊す」、「ファースト（fast）」は「断食、絶食」の意味。

つまり、睡眠中の断食状態を破るのが朝食なのです。胃はすでに空っぽの状態。そこに「何」をどう入れるかで、1日の脳の状態は大きく違ってきます。

では、その「何」とは何でしょう？　その答えは「**糖質**」にほかなりません。

糖質とは炭水化物から食物繊維を引いた栄養素の総称です。ごはん、パン、麺類などの炭水化物には、糖質が豊富です。ごはんもパンも同じように糖質は多いのに、なぜ、「朝食に小麦粉のパンだけ」は最悪の選択なのか？

ごはんを主食にすると、味噌汁や納豆、おかずなどを一緒に食べます。

一方、パンが主食の場合、菓子パンだけ、トーストにジャムを塗って食べるだけでも、食事としては十分に成り立ちます。

おかずや味噌汁と一緒にごはんを食べるのか、パンにジャムを塗っただけですませてしまうのか、この違いこそが**脳の働きに大きな差を生む可能性が高い**のです。

「朝食はパンだけ」だと、勉強するのは大変!?

頭がボーッとする

やる気や集中力の低下

イライラ

気持ちが落ち着かない

……

菓子パン、トースト、ジャム、ピーナッツバターなど

この状態で勉強をがんばるのは難しい!

「血糖値」が脳に与える影響を知っていますか？

受験生をお持ちのお母さん、お父さんに、知っていただきたいことがあります。

それは、血糖値と脳との関係です。

「血糖値」という言葉。親御さんは、よくご存じかと思います。血糖値は血液中のブドウ糖の値であり、一般的には、糖尿病を診断する際の指標となる値です。そのため、問題になってくるのは、中高年以降と思われているかもしれません。

ですが、この血糖値、子どもにも重要な値です。なぜなら、**血糖値は脳の働きに大きな影響を与える**からです。

じつは、「勉強しない」「集中力がない」「成績が思うように伸びない」「イライラしやすい」「怒りっぽくなった」「気持ちが不安定」などの裏に、血糖値の変動があるか

もしれないのです。

そこで、血糖値と脳の関係をお話しする前に、まずは血糖値そのものについてから説明を始めます。

私たちが食事をすると、食べたものは、消化液の働きによって細かく分解され、小腸から吸収されます。

ごはんやパンなどの炭水化物は、ブドウ糖などの糖類に分解され、血液中に運ばれます。そして、血液中のブドウ糖の量が増えるにつれて、血糖値が上がります。

血糖値が上昇すると、すい臓から「インスリン」というホルモンが分泌されます。**インスリンは、細胞にブドウ糖をとり込ませ、血糖値を下げる働き**を持ちます。

簡単にいえば、細胞には「糖をとり込むためのドア」があって、インスリンはそのドアを開け、「どうぞお入りください」と糖を招き入れる〝ドアマン〟の役割。

そして、細胞内にとり込まれたブドウ糖は、エネルギーを生み出すために使われていきます。

通常、栄養バランスの整った食事をした場合、血糖値はゆっくりと上がります。インスリンは、血液中のブドウ糖の量にあわせて分泌されるため、血糖値がゆるやかに上がれば、インスリンもゆっくりと分泌されます。すると、細胞がブドウ糖を招き入れるスピードもゆっくりとなり、血糖値もゆるやかに下がります。

血糖値がゆるやかに上がり、ゆるやかに下がるように食べる——。

これこそが食事の理想形で、子どもの脳とメンタルを良好な状態に整えます。

ところが、食事の仕方によっては、血糖値が急激に上がり、急激に下がるという現象が起こります。血糖値が乱高下してしまうのです。この血糖値の乱高下を引き起こす食事が、炭水化物ばかりの食事、あるいは炭水化物を大量にとる食事です。

ブドウ糖には、ほかの栄養素より消化吸収の「スピードが速い」という性質があります。しかも、空腹時はブドウ糖の吸収がなおのこと速くなっています。

朝食に「小麦粉のパンだけ」「パンにジャムを塗っただけ」という食事が問題なのは、**血糖値の乱高下を起こすから**。それが脳に大きな負担を与えるわけです。

インスリンはどうやって血糖値を下げる?

細胞には
「糖をとり込むためのドア」がある

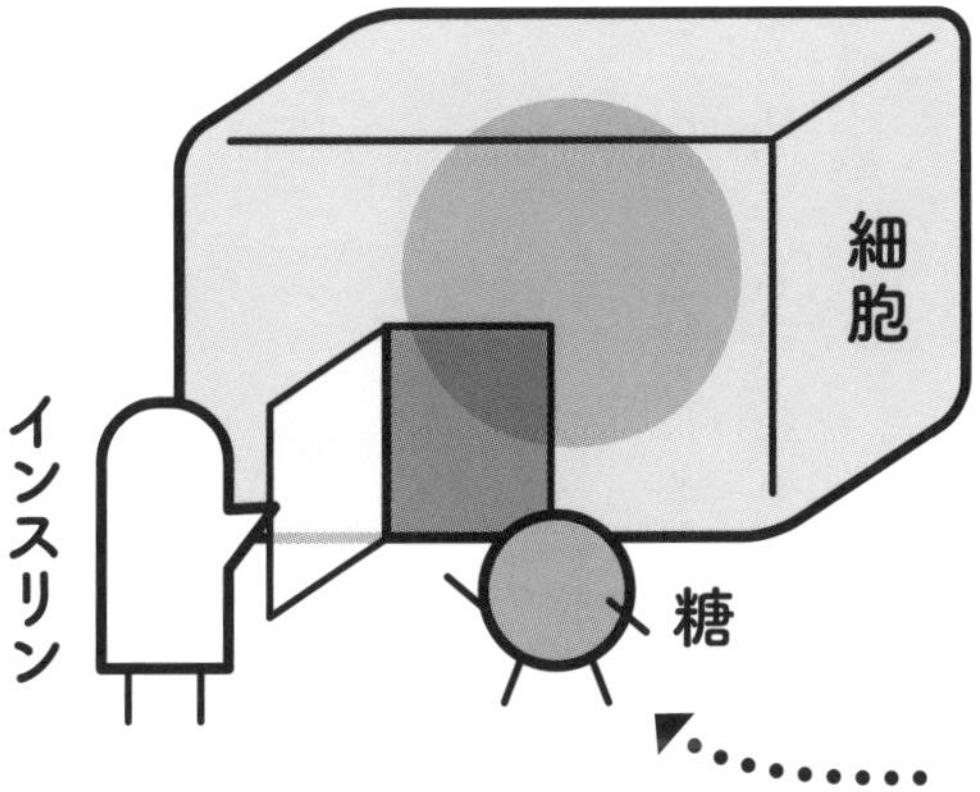

インスリンはこのドアを開けて、
糖をとり込ませている

「勉強しない」の裏には「血糖値スパイク」がある

血糖値が乱高下することを「血糖値スパイク」と呼びます。

血糖値の上昇と下降の仕方が、グラフにすると大きな釘のように、急激に上がり、その後、急激に下がることから「血糖値スパイク」と名づけられました。

やる気のなさや集中力の欠如、だるさ、眠気、疲労感、イライラ。こうしたことは、じつはこの血糖値スパイクが引き起こしているケースが多いのです。

空腹時に糖質が多く含まれるものを口にすると、この血糖値スパイクが引き起こされます。たとえば、寝起きにパンだけという朝食スタイルは、血糖値スパイクの原因に。また、間食にスナック菓子や砂糖たっぷりのスイーツを食べたり、ジュースやス

ポーツドリンクなどの清涼飲料水を飲んだりしても、血糖値スパイクが起こります。「おやつにスナック菓子やせんべい、クッキー」「のどが渇いたらジュースやスポーツドリンク」というスタイルが一般的になりつつある現代では、こうした食べ方が、**脳に悪影響を与え、子どもが勉強に集中できない原因**になっていることに気づかない人も多いかもしれません。実際、「ブドウ糖は脳の唯一のエネルギー源」という人もいまだにいます（脳は、ブドウ糖のほかにも「ケトン体」という脂肪が分解されてできる代謝物もエネルギー源にしています。このことについては後述します）。

しかし、こうした糖質のとり方をした場合、ブドウ糖が脳をエネルギーで満たすのは、ほんのわずかな時間です。

では、空腹時にスナック菓子やジュースを飲んで、血糖値が急激に上がると、体内ではどんなことが起こるのでしょうか。

高血糖の状態になると、血管壁が傷つけられてしまいます。「そうなっては大変!」と大量のインスリンが分泌され、手あたりしだいにブドウ糖を細胞のなかに引き入れて、血糖値を下げていきます。

すると、次に何が起こるでしょうか。

正常値より血糖値が下がりすぎてしまうのです。大量のインスリンが、ブドウ糖を必要以上に細胞内に引き入れてしまうからです。この状態を「低血糖」と呼びます。

血糖値の正常値は、70～110㎎／dL。臨床的には、70㎎／dLになると低血糖とされます。子どもであったとしても、糖質のとり方が悪ければ、血糖値スパイクも、低血糖も起こってきてしまうのです。

低血糖になると、体が危機を感じて、「アドレナリン」という心拍数や血圧を上げるホルモン及び神経伝達物質を分泌します。すると、心身にさまざまな不快症状が現れます。頭痛やめまい、抑うつ感が生じることさえあります。

この状態で勉強するのは大変なこと。にもかかわらず、この状態にあるお子さんを**「勉強しない」と叱っている**親御さんは多いかもしれません。

もしかしたら、スナック菓子や甘いお菓子、菓子パンなどを「脳へエネルギーを届けさせよう！」と思って、子どもに食べさせている人もいるでしょう。しかし、これは逆効果でしかないのです。

「血糖値スパイク」が子どものやる気を奪う

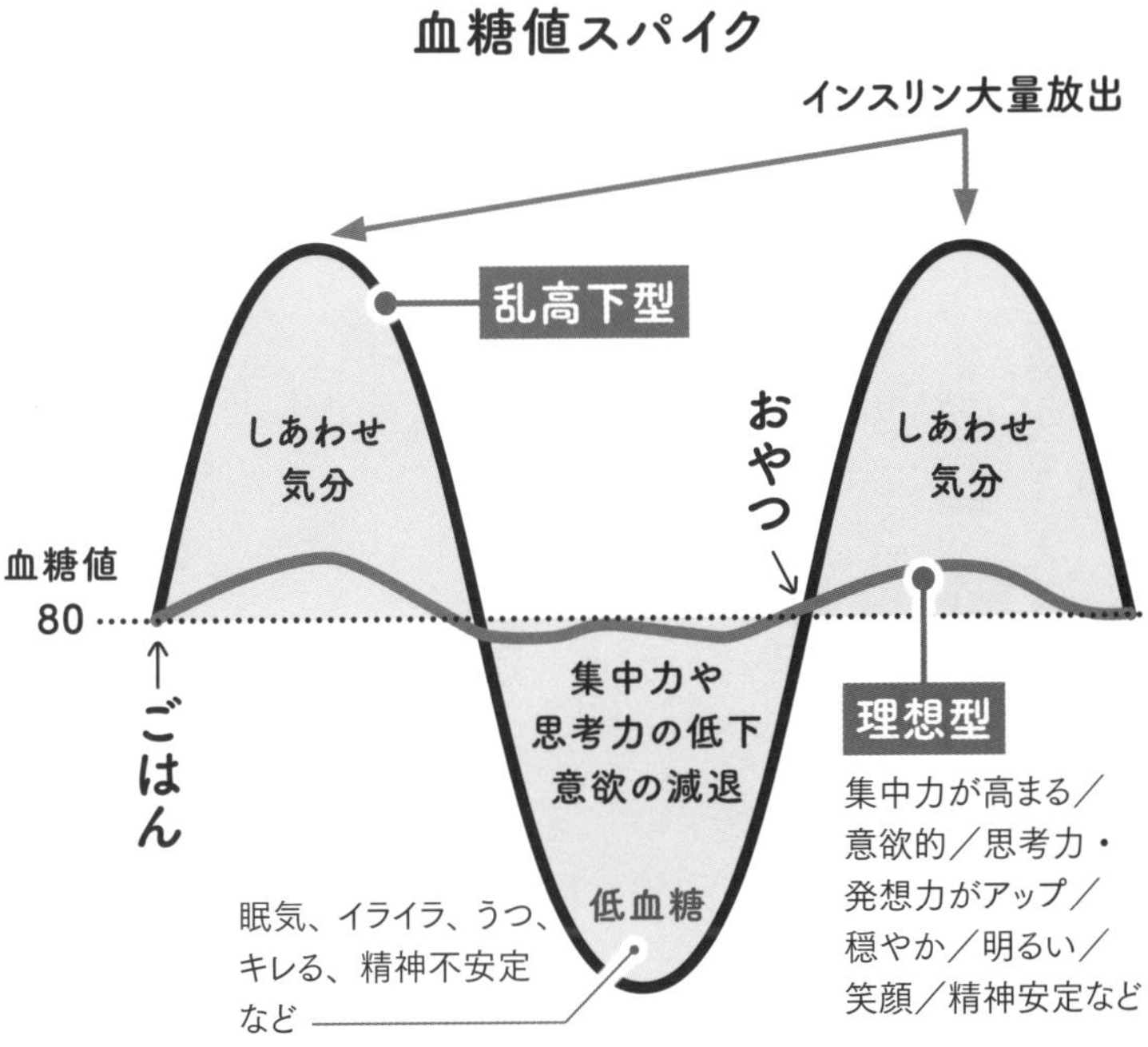

「血糖値がゆるやかに上がり、ゆるやかに下がる食事」→成績アップ!

「血糖値が急激に上がり、急激に下がる食事」→成績ダウン(泣)

「血糖コントロール」を制する者は受験を制す

「○○を制す者は受験を制す」といいますが、栄養の専門家である私は、

「血糖コントロールを制す者は受験を制す」

とお伝えしたいと思います。

「勉強しなさい」という親の一言は、子どものやる気を削いでしまいかねません。

対して、**血糖コントロールは、子どものやる気や能力を高める**効果があります。

メンタルを安定させ、受験を乗り切るために必要な高い精神力を築いてくれます。

前向きに勉強できるようになるので、成績もグングン上がっていきます。

血糖コントロールは、**受験生を支える親御さんのいちばんの仕事**ではないか――

大げさではなく、私はそれくらい血糖コントロールが重要であると考えています。

では、「血糖コントロール」とは、いったい何なのでしょうか?

血糖値がゆるやかに上がり、ゆるやかに下がるような食事をすることです。

血糖値はゆるやかに上がれば、ゆるやかに下がります。インスリンが必要以上に働くことがないからです。そのため、低血糖に陥ることもありません。

体内ではつねに必要なエネルギーがつくられ、脳にも十分なエネルギーがある状態のとき、脳は意欲的に働きます。思考はポジティブになって、記憶力も高まります。

もちろん、メンタルも安定し、自分の未来を見据えて「今こそがんばるときだ」と前向きに勉強できるでしょう。この**脳とメンタルの状態は、食事がつくっている**のです。

反対に、血糖コントロールがうまくいかない最たる例が、血糖値スパイクを起こすような食事や間食のとり方です。

では、どんな食事が血糖値スパイクを起こし、脳の働きを低下させるのか?

その筆頭が、朝食に小麦粉のパンだけ、もしくはトーストにジャムを塗っただけ、という食事です。ほかには、うどんだけ、パスタだけ、ピザだけ、カレーライスだけ、ラーメンだけ、ファーストフードだけ、丼ごはんだけという食事。前述したように、スナック菓子やジュースを間食にとることもその原因になります。
つまり、**炭水化物ばかり**、あるいは**大量の炭水化物を一度にとるような食べ方**は、**血糖値スパイクを引き起こしてしまう**のです。

ときどき、「健康管理のために毎朝野菜ジュースを飲んでいます」という人がいますが、市販の野菜ジュースには、糖質がたっぷり含まれる商品が少なくありません。
急上昇した血糖値は、必ず急降下します。それにともなって、**脳の働きも低下**していき、**思考力・集中力が落ちる**だけでなく、**思考もネガティブ**になっていきます。

とはいえ、パン好きな子に「パンはダメ」と禁じるのも、ストレスになってよくありません。最近は、白い小麦粉ではなく、全粒粉やまったく別の材料を使ったパンや麺類が増えました。全粒粉の場合、グルテンは含まれてしまいますが、真っ白に精製された小麦粉よりは、血糖値はゆるやかに上がります。

アーモンドパウダーや大豆粉などでつくったパンや麺類ならば、糖質とグルテンの摂取量を抑えられます。本書では「おから蒸しパン（94ページ）」「卵チーズパン（154ページ）」のレシピを掲載しています。簡単につくれますから、「朝はパン派」の人は、ぜひチャレンジしてみてくださいね。

こんな食事をしていませんか?

朝食に、菓子パンと
市販の野菜ジュース
までつけてない?

ファストフードを
よく食べてない?

おやつに
スナック菓子を
食べてない?

ランチにラーメンは
よくあること

その結果——

勉強
したくない

勉強がおも
しろくない

集中
できない

考えるのが
苦手

いつも眠く
てだるい

疲れ
やすい

「合格ラムネ」を食べると、成績が下がる!?

「合格ラムネ」「合格キャンディ」……。

受験シーズンに入ると、コンビニエンスストアなどには「合格」「必勝」と銘打ったお菓子類が並びます。大学受験では、受験当日に会場の前で、先生がラムネや飴を「がんばれ!」と配っている、という話もよく聞きます。

実際、勉強中にラムネや飴を口にする受験生も大勢いることでしょう。

しかし、**ラムネや飴は、血糖コントロールの大敵です**。あんなに小さな粒なのに、血糖値スパイクを引き起こしてしまうからです。

たしかに、ラムネや飴を口に入れた瞬間は、血糖値がガッと上がるため、幸福感を得られます。気分が上がり、やる気が出るように感じるでしょう。

しかし、**ガッと上がった血糖値は、すぐに急降下**を始めます。血糖値が下がっていくとき、気力も落ちていきます。低血糖になると**疲労感**や**眠気**に襲われます。それでもがんばって勉強しようとすれば、イライラして、集中できなくなります。

そんな最悪な気分を変えたくて、再びラムネや飴を口にするでしょう。すると、血糖値がガッと上がります。ですが、血糖値が上昇すれば、すぐに低下するのです。

こうしたことを何度もくり返していると、どんなことが起こると思いますか?

ラムネや飴がないと、勉強しようという意欲を保てなくなるのです。

脳は、糖質をとることで幸福感を得られることをよく覚えています。糖質が与えてくれる幸福感とは、脳にとってまさに快感。その感覚を強烈に覚えていて、ブドウ糖が多いものを口に入れるように促すのです。

そして、今度は甘いものがないと、がんばれないという気持ちをつくり出します。脳がブドウ糖に依存性を高めている状態です。

こうなると、甘いものをつねに口に入れていないと、脳が働かないと本人が感じるようになります。

しかし、本番の受験時に甘いものを食べながら、試験は受けられません。

休憩時間にとったとしても、試験中に血糖値が下がってくれれば、思考力や集中力が落ち、疲労感が出てきてしまうことになります。

もちろん、勉強中に何かを口に入れたくなる気持ちはよくわかります。脳が疲労を解消したくて、欲するからです。

では、どうすればいいのでしょうか？

血糖値が急上昇しないものを選んで食べることです。

たとえば、チョコレートならば、糖質が豊富な甘さの強いタイプではなく、**カカオ70％以上の苦味のあるタイプ**がおすすめ。カカオには、ポリフェノールという、細胞の健康によい成分も含まれています。

キシリトールのガムも、一度に口に入れすぎなければいいでしょう。キシリトールという甘味料は、血糖値の上昇がゆるやかで、しかも虫歯予防に働きます。

おしゃぶり昆布やあたりめなども◎。

「甘いものはダメ」と禁じるのではなく、低糖質で血糖値を急上昇させないお菓子を選ぶ。この選択が、受験という難関を乗り切るためには大切になってきます。

勉強中のおともに、何を食べる?

×

ラムネ、飴、スナック菓子、
菓子パン、クッキー、グミ、
せんべい、アイスミルク、
ラクトアイス、さきいか

○

ゆで卵、サラダチキン、
おしゃぶり昆布、あたりめ、
サラミ、ナッツ類、
チーズ、キシリトールガム、
低糖質チョコ、
カカオの多いチョコ

低糖質で安心! しかもおいしい!

「糖質をとりすぎる子」は脳細胞が劣化する

子どもの脳は、スポンジのように学んだことをどんどん吸収していけるもの。
そんなふうに思っていませんか？
わが子にそうであってほしいならば、やはり大事なのは血糖コントロールです。

血糖値がゆるやかに上がり、時間をかけてゆるやかに下がっていく。そして、血糖値が下がり切る前に、次の食事の時間がくる――。

こういう食事の仕方をしていくことで、脳は低血糖に陥ることなく、必要なエネルギーを得られます。それによって、**脳は安定して働く**ことができます。

そしてもう1つ、血糖コントロールを行なうための重要な目的があります。

それは、**脳細胞の「糖化」を防ぐ**ことです。


「糖化」という言葉をご存じでしょうか。

糖化とは、体のたんぱく質と糖が結びつくこと。その結合が進んでいくと、中間体を経て、最終的に**「終末糖化産物**（AGEs《エイジーイーズ》）」がつくられます。このAGEsこそ、健康を害する大敵。細胞の質を著しく劣化させてしまう悪玉物質です。

「若い子どもの細胞に劣化なんて起こるの？」

と思われるかもしれません。しかし、子どもであったとしても、糖質をとりすぎる食生活は、糖化を引き起こします。

では、糖化が脳で生じると、どうなるのでしょうか？

中高年で問題にされているのが認知症や脳梗塞との関係です。脳にAGEsがたまると、認知症や脳梗塞が起こりやすくなることがわかってきています。

その糖化が子どもの脳で生じたとしたら……。

血管や細胞が若いため、認知症や脳梗塞が起こることはありませんが、**記憶力や思**

考力が落ちることは十分に考えられます。脳細胞に糖化が起こっていれば、働きが低下していますから、学んだことをスポンジのように吸収していくことは難しくなります。考える力を落としては、勉強しても知識を身につけられません。

それほど、糖化が脳の働きに与える影響は大きいのです。

ただし、糖化がＡＧＥｓにまで進んでおらず、ごく初期の段階であれば、たんぱく質はもとのきれいな状態にスムーズに戻ることができます。

糖化は、血糖値が高い状態が続いたり、血糖値が急上昇するような状態がくり返されたりすることで、じわじわと時間をかけて進んでいきます。

反対に、血糖値が必要以上に高くなるような状況を引き起こさなければ、**糖化した細胞はだんだんと改善されていく**のです。

そのために、大事なのは４つです。

1、食後の血糖値を上げすぎず、体内によぶんな糖をめぐらせないこと。

2、血糖値スパイクを引き起こさないこと。

1と2の実現には、血糖コントロールが有効です。

3、体内のAGEsを分解し、排泄できるような食べものをとること。

つい最近まで、「いったん生じたAGEsは排出できない」といわれてきました。ところが現在、糖化を抑えたり、AGEsを分解・排出したりする食べものがわかってきました。その食べものについては2章でお伝えします。

4、焦げた食品はなるべく食べないこと。

料理の焦げはAGEsの一種です。焼きおにぎり、トースト、こんがり焼けたグラタンなど。これらの香ばしさは食欲をそそりますが、体内にAGEsを蓄積させる一因にもなります。ですから、食べる頻度を減らしましょう。

「食べてはダメ」と禁じるのではなく、今よりも食べる頻度を意識して減らす。一方で、AGEsを排出できる食品を積極的にとっていきましょう。

こうした日々のちょっとした工夫で、脳細胞を劣化させるAGEsが体内にたまっていくのを防ぐことができます。

糖質の摂取を減らしても、心配はいりません！

血糖コントロールがいかに大切なことか、ご理解いただけたでしょう。

一方、「糖質の摂取量を減らすと、脳がエネルギー不足になってしまうのではないか」という心配をぬぐえない方も多いかもしれません。

結論をお伝えすると、問題はありません。知っておきたいのは、人の体にはエネルギーをつくる方法が３つもある、という事実です。

１つめは「**解糖系**」という方法です。私たちが食事から糖質をとると、「解糖系」という回路が動き出し、ブドウ糖を使ってエネルギーを生み出していきます。

２つめは「**糖新生**」という方法です。体内のブドウ糖量が著しく減ると、体は体内にある別の物質を使ってブドウ糖をつくり出します。これを「糖新生」と呼びます。
3つめは「**ケトン体回路**」という方法です。ケトン体は、体に蓄えられた中性脂肪や、口からとり込んだ脂質を分解してつくられます。「脂質をエネルギーに変える回路」と覚えてください。

このケトン体は、細胞内にある小器官「ミトコンドリア」に入って解糖系より大量のエネルギーをつくり出します。ミトコンドリアとは、大量のエネルギーをつくり出す「エネルギー産生装置」。その働きが活性化すると、エネルギーの産生量も増大します。

しかも、1つの細胞に存在するミトコンドリアの数は100～2000個も。これらをすべて活性化できれば、エネルギーの産生量を爆発的に増やせます。

勉強に集中するためには、脳がしっかり働けるだけのエネルギーが必要です。そのためには、**ミトコンドリアの働きがとにかく重要**となってくるのです。

ただし、ケトン体回路は、糖質を大量にとっている状態では働きません。受験メシでは、糖質の摂取量を減らすぶん、良質な脂質をとることで、脳のミトコンドリアの働きを高め、エネルギーをしっかりとつくり出すことを心がけていきます。

朝起きられないのは「前日の夕食」が原因？

私たちの体は、糖質の量が減ると、体内の物質を使って糖質を新たにつくり出します。これが「糖新生」です。この糖新生が、現代の生活では**「朝、起きるのがつらい」**という状況をつくり出している可能性があります。

そもそも人間の体は、長い進化の歴史のなかで、わずかな糖質で大自然を駆け回れるほどのエネルギーを産生できるように発達していると考えられています。自然界では木の実など糖質源が限られていたからです。

人体がわずかな糖質で元気に働けることは、糖質に対応するホルモンの数を見てもわかります。ホルモンとは、ある特定の器官に対して、情報を伝達したり、作用を及ぼしたりする、体内でつくられる化学物質のこと。血糖値を上げるホルモンは5種類もあります。これらのホルモンは、体内の糖質量が減ると「ブドウ糖をつくり出して!」との情報を伝達して、糖新生を起こさせます。

これに対し、血糖値を下げるホルモンはインスリンのみ。人類の長い進化の歴史では、血糖値を下げなければいけない状況はほぼ起こらなかったため、それに対応するホルモンも必要なかったと推定されています。

つまり、現代の食生活のように、一度に大量の糖質をとることは、体にとってまさに異常事態なのです。

最近、**起立性調節障害によって不登校になる子どもが増えています**。起立時に体や脳への血流が低下してしまう病気で、自律神経の働きの乱れが原因と見られています。これが朝の起床時に起こると、倦怠感や頭痛、立ちくらみに襲われ、気分が悪くなって、起き上がれなくなってしまうのです。

この疾患の原因が、糖質のとりすぎにあるのではないか、と報告されています。

夕食でごはんをたくさん食べたり、麺類だけ、カレーライスだけといった糖質に偏った食事をしたりすると、血糖値スパイクが起こります。

すると、就寝中に低血糖が生じます。こうなると、次に起こってくるのが糖新生です。体は血糖値を上げるホルモンをいっきに分泌させ、糖新生を急速に起こします。それによって、血糖値が急激に上がります。

血糖値は、急激に上がれば、必ず急激に下がり、しかも低血糖を引き起こします。こうしたことが、就寝中にくり返されてしまうのです。

それによって、自律神経の働きが乱れます。しかも、血糖値の乱高下に振り回され、脳はゆっくり休めません。そのため、熟睡感を得られないのです。

そして、低血糖が起こっている状態で朝を迎えることになります。そのとき、どんな症状が現れているでしょうか。「起き上がるのがつらい」「もっと寝ていたい」という感覚です。症状が重ければ、フラフラして気分が悪く、頭痛も起こりやすくなっています。この状態では布団から起き上がる気力を持てません。

実際、起立性調節障害を食事療法で治療するクリニックもあります。**血糖コントロールに注目した食事療法で、劇的に改善する**と聞いています。

なお、空腹のまま寝てしまうことも、脳に負担をかけます。体内の糖質の量が減ることで、睡眠中に糖新生が起こってしまうからです。塾で帰宅が遅くなったときにも、夕食は抜かないことが大切です。

そこで、夜はどんなことをポイントに食事をするとよいかをまとめます。

【夕食のポイント】

1、**主食をとりすぎない。**

・お茶碗に軽く1杯程度に。

2、**たんぱく質をしっかりとる。**

・肉、魚、卵、大豆食品、チーズなどの乳製品などのたんぱく源を多めにとる。

3、**水溶性の食物繊維が豊富な野菜をたっぷり食べる。**

・水溶性の食物繊維には、消化吸収をゆるやかにする作用があり、血糖値スパイクの予防に効果的。海藻類、コンニャク、アボカド、豆類、オクラ、山イモ、モロヘイヤ、ナメコ、ニンジン、サツマイモなどに水溶性の食物繊維が多く含まれます。

受験生の主食は「お茶碗に軽く1杯」が適量

では、主食の「適量」とはどのくらいでしょうか？

その答えを導き出すには、人の体の体組成を知ることがいちばんです。

人の体を構成する成分でもっとも多いのは、水分です。成人の場合で約60％前後。子どもの場合は、水分量がさらに多くなります。子どもの肌がピチピチしてみずみずしいのも、水分量の多さが関係しています。

では、残りの40％弱は何から成り立っているのでしょうか？

三大栄養素から見ると、たんぱく質が約50％、脂質が約47％、糖質が約3％という構成です。**糖質はたった3％しかありません**。人の体が大量の糖質を必要としていないことは、体組成から考えれば一目瞭然です。

そこで、受験メシでは、ごはんの適量を1回の食事につきお茶碗に軽く1杯程度とします。勉強時間が増えている反面、運動量は減っていると思いますから、エネルギー源として摂取するには、それで十分でしょう。

ただし、単に「糖質の摂取量を減らせばOK」とはなりません。そのぶん、**たんぱく質と良質な脂質の摂取量を増やすことが重要**です。

糖質のエネルギー量は、1g当たり4キロカロリー。これに対して、たんぱく質は1g当たり4キロカロリー、脂質は1g当たり9キロカロリーのエネルギー量があります。糖質の摂取量を減らしても、たんぱく質と脂質の摂取量を増やせば、**脳や体がエネルギー不足になる心配はありません**。

むしろ、たんぱく質と脂質は血糖値スパイクを引き起こさないぶん、低血糖時に生じるようなメンタル不調も起こらず、食後も精神的に安定した状態を保てます。

ただし、完全に主食を控えるような糖質制限を行なうのはやめましょう。糖質制限は、糖尿病やその予備軍の人には最適な食事療法ですが、育ち盛りの子に行なうと、身体的にも精神的にも多くの問題が出てきてしまうからです（202ページ参照）。

たんぱく質は「とりすぎ」くらいが、ちょうどいい

現在、日本人のたんぱく質の摂取量が、「戦後レベル」にまで減っていることを、みなさんはご存じですか。飽食の時代にありながら、多くの人が、戦後の食糧難の時代と同程度しかたんぱく質をとれていないのです。そのことは、63ページのグラフを見るとよくわかります。

たんぱく質は、脳と心身の健康に直結する栄養素です。日本は世界一の長寿国です。**平均寿命を大きく伸ばした最大の理由に、たんぱく質がある**と私は考えています。

日本が世界一の長寿国になったのは1978年。この年、戦後増え続けてきた動物性たんぱく質の摂取量と、日本人が昔から栄養源としてきた植物性たんぱく質の摂取

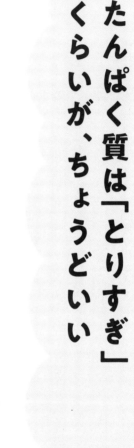

量が同じになりました。

日本人は、昔から納豆や豆腐など大豆製品を日常的に食べていました。魚介類も頻繁にとってきました。加えて高度経済成長期、肉を食べるようになりました。

日本人は、大豆、魚介類、肉という3つからたんぱく質を日常的にとるようになったのです。これが、日本人の寿命を大きく延ばしたのではないでしょうか。

たんぱく質を動物性と植物性の食品の両方からとることは、**子どもの心身、そして脳の健全な成長においても大事なポイント**です。

なぜ、たんぱく質がそれほどまでに重要なのでしょうか?

体を構成するたんぱく質は、日々つくり替えられています。合成と分解がくり返されているのです。脳などの臓器や筋肉のたんぱく質は、古くなると分解され、再利用されるか体外へ排出されます。

一方で、体内に貯蔵されたたんぱく質の一部と、食事から摂取した新しいたんぱく質が、アミノ酸に分解されたあとに必要な場所へ届けられ、新たにつくられる細胞の材料になっていきます。

では、たんぱく質の摂取量が少ない日が続くと、どうなるか。

まず筋肉量が減ります。筋肉のたんぱく質が、新たな細胞を生み出すための材料として、真っ先に分解されてしまうからです。たんぱく質不足の状況では、脳細胞の再生もうまくいかず、機能の低下が起こってくるでしょう。すると、気分の不安定や集中力の低下、精神的な疲れなどが引き起こされます。さらに、免疫力が低下し、風邪などの感染症にかかりやすくなるでしょう。

なお、**口からとったたんぱく質は、体内にためておけない**、という性質があります。吸収されなかったものは、排出されてしまうのです。よって、「夕食に肉を食べるから、朝と昼はたんぱく質がなくても大丈夫」ということにはなりません。

朝・昼・晩の**1日3食、たんぱく質はそれぞれの食事でしっかりとる**こと。

現在、栄養士の合い言葉は「たんぱく質」といわれるほど、その不足に危機感が高まっています。日本人の食事摂取基準でも、たんぱく質には上限が設けられていません。たんぱく質は腎臓に問題がない限り、とりすぎたところで健康を害するリスクはなく、むしろ、もっととる必要があるとして、下限が引き上げられているほどです。

健康な人の場合、たんぱく質は「とりすぎかな」と感じる程度がちょうどいいです。

たんぱく質の摂取量が足りない!

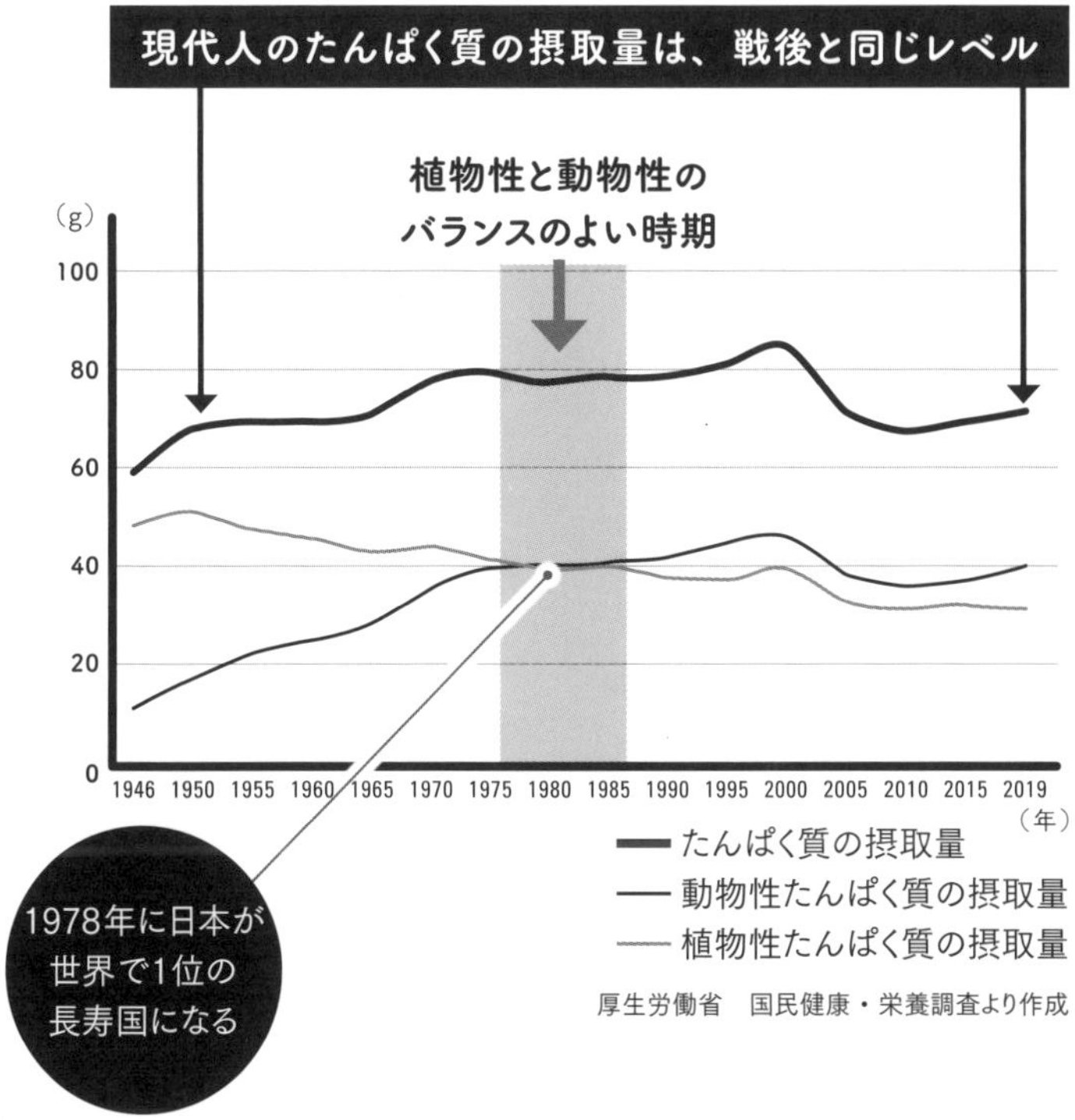

厚生労働省　国民健康・栄養調査より作成

丈夫な心と体は
たんぱく質がつくっている!

「がんばる意欲」はたんぱく質がつくる！

受験生にはたんぱく質がとくに大事。それは、**たんぱく質が「脳内ホルモン」の材料にもなるため**でもあります。

脳内ホルモンとは、脳のなかで働く神経伝達物質のこと。神経伝達物質とは、脳やせき髄などを構成する神経細胞の間で情報を伝える役割を担っている物質のことです。脳のなかには、1000億個以上もの神経細胞があるとされています。その膨大な神経細胞の間で、さまざまな脳内ホルモンが働いています。

人の感情も、脳内ホルモンがつくり出しています。

たとえば、好きと嫌い、うれしいと悲しい、楽しいとつまらない、「すごい！」と「こわい」、期待と不安など。これらの感情はすべて、脳内ホルモンの働きによって引き起こされています。

では、どんな脳内ホルモンの分泌量を増やすと、勉強に効果的でしょうか?

答えは明らかですね。ポジティブな感情を生み出せる脳内ホルモンです。それらを増やすことができれば、勉強にも前向きになれます。受験を恐れ、不安になるのではなく、「よし! やってやろう」と自身を鼓舞できるようなメンタル。それは、どんな脳内ホルモンが多く分泌されているかで決まってくるのです。

そこで大事になってくるのが、たんぱく質です。脳内ホルモンの材料は、私たちが毎日とっているたんぱく質だからです。

たんぱく質をとると、腸のなかで約20種類のアミノ酸に分解されてから、体に吸収されます。そのアミノ酸から脳内ホルモンはつくり出されます。このうち、体内で合成できず、**食事から必ずとらなければいけない9種類を必須アミノ酸**と呼びます。

では、どんな脳内ホルモンが、受験生の脳には重要なのでしょうか?

とくに必要とされるのは、次の4つです。ただし、脳内ホルモンは、たんぱく質だけあっても合成できません。アミノ酸から脳内ホルモンになるまで、いくつかのステップを経ることになりますが、その際、特定のビタミンとミネラルが必要になります。それについてもあわせてご紹介します。

幸せホルモン▼セロトニン

「幸せホルモン」とも呼ばれるセロトニンは、脳の興奮を抑え、心身をリラックスさせます。セロトニンの分泌量が脳内で増えると幸福感が高まり、**集中力、記憶力も向上**します。反対に、分泌量が減ると憂うつ感や不安感が強くなります。

セロトニンは、「トリプトファン」という必須アミノ酸が、直接の材料になります。トリプトファンからセロトニンが合成されていくには、「葉酸・ナイアシン・ビタミンB_6・鉄」が使われます。ちなみに、セロトニンの分泌には、朝日を浴びることも重要です。朝食後には屋外に出て、日差しを浴びることから1日をスタートさせると、セロトニンの分泌量をさらに増やすことができます。

睡眠ホルモン▼メラトニン

メラトニンは、「睡眠ホルモン」とも呼ばれています。日中に学習した情報は、睡眠中に整理されます。学んだことを**脳に定着させるには、睡眠の質を上げることが大事**。その働きをしているのが、メラトニンです。

このメラトニンの材料となるのがセロトニンです。朝日を浴びるとセロトニンがスムーズに分泌され、太陽が沈むとセロトニンをもとにメラトニンがつくり出されます。メラトニンを増やすには、セロトニンの分泌量を増やすことが大切です。

メラトニンが、セロトニンを材料に合成されるために必要なのは、

「マグネシウム」

です。マグネシウムがあってこそ、メラトニンの分泌量を増やせます。

なお、メラトニンは繊細な脳内ホルモンであり、神経を興奮させるようなことがあると分泌が抑えられてしまいます。とくに問題になるのが、強い光です。

現代人は、スマートフォンやパソコンの画面を夜間も見続けます。受験勉強で使うことも多いでしょう。けれども、モニター画面から発せられる**ブルーライトは、メラトニンの合成を抑えてしまうので要注意**です。現代人に不眠症が多い一因に、このブルーライトの害があると考えられています。

なお、部屋の照明も、青っぽい光には覚醒作用があるとされます。安らかな眠りの

ためには、夜間の部屋の明かりは、オレンジ色の電球色が望ましいでしょう。

やる気のホルモン▶ドーパミン

「やる気ホルモン」と呼ばれているドーパミンは、意欲やワクワク感を生み出す脳内ホルモンで、この**分泌量が増えると思考力も高まります**。

ドーパミンは「フェニルアラニン」という必須アミノ酸が直接の材料です。フェニルアラニンから「チロシン」というアミノ酸ができ、最終的にドーパミンになります。

たんぱく質からドーパミンが合成されていく過程では、セロトニンと同じく、「葉酸・ナイアシン・ビタミンB_6・鉄」が使われます。やる気や思考力を高めるには、フェニルアラニンやチロシンを含むたんぱく質と、これらのビタミン、ミネラルを積極的にとっていくことが重要です。

リラックスホルモン▶GABA（ギャバ）

メンタルを穏やかにしてくれるGABAは、「リラックスホルモン」とも呼ばれます。イライラ感を抑えて、穏やかな精神状態をつくってくれるホルモンです。勉強に集中するには、メンタルの安定が大事。イライラしていたり、不安感が強くなっていたりすると、そのことで頭がいっぱいになり、集中できません。

そこで大事になるのが「グルタミン」というアミノ酸の摂取です。グルタミンから「グルタミン酸」というアミノ酸ができ、最終的にGABAになります。

たんぱく質からGABAが合成されていく過程では、

「ナイアシン、ビタミンB_6」

という2つのビタミンが使われます。

「最近、ちょっと怒りっぽくなっているな」「不安感が強そうだな」と感じるときには、グルタミンやグルタミン酸、ナイアシン、ビタミンB_6が豊富なものを食べさせてあげましょう。

では、どんなものを食べると、以上の4つの脳内ホルモンを分泌していけるでしょうか? それについては、2章以降で具体的に紹介していきます。楽しみにしていてください。

「調理油をかえる」と記憶力もアップ！

受験生には、脂質も大事。脳細胞を元気に働かせるエネルギー源となるからです。ただし、どんな脂質でもよいわけではありません。じつは、現代型の食生活では、脳によくない影響を与えてしまう脂質があります。

油の質を見極めるうえで知っておきたいのが、**油の主成分である必須脂肪酸**です。必須脂肪酸とは、人の健康維持に欠かせない栄養素でありながら、体内で合成できない脂肪酸のこと。「食事から必ずとらなければいけない脂肪酸」です。

その種類には、「**オメガ3系脂肪酸**」と「**オメガ6系脂肪酸**」があります。

これらの脂肪酸は、どちらも人間の体に不可欠な栄養素。ところが、現代の食事では、注意しないとオメガ6系の摂取が多くなりすぎ、その害が出やすいのです。

なぜなら、オメガ6系には**「炎症を促す作用」**があるからです。

ただし、炎症とは、人体に備わった病気を治すために必要な症状でもあります。

私たちの体には、病気を防ぎ、治すための「免疫」という人体システムが備わっています。たとえば風邪を治すのも、免疫システムの働き。風邪のウイルスが侵入してきたとき、これを排除してくれるのが、免疫細胞たちです。

一方のウイルスは、私たちの細胞内で仲間をどんどん増やします。免疫細胞は、ウイルスにのっとられた細胞も攻撃し、破壊します。このときに起こるのが炎症です。

風邪をひいた際に喉が痛んだり、鼻水が止まらなくなったり、関節が痛んだり、熱が上がったりするのは、すべて免疫細胞がウイルスと闘っている証拠です。


とはいえ、炎症の症状が必要以上に強くなると重症化し、非常に苦しい思いをし、治るまでに時間がかかります。ちなみに、アレルギー性疾患も免疫の反応によって起こる病気で、あのつらい症状も炎症によるものです。

では、脳で炎症が起こるとどうなるでしょうか？　**脳の働きが低下します**。頭がボーッとしたり、記憶力が低下したり、疲れやすくなったり、頭痛がしたりといった症状が現れます。この状態で勉強しても、記憶力や集中力は低下しています。

このように、オメガ6系は、体に必要な脂肪酸である反面、とりすぎてはいけない脂肪酸なのです。

ところがオメガ6系は、含有量に差があるものの、野菜や果物、肉、魚など**ほとんどの食品に含まれています**。まったく含まない食品はごく限られています。

にもかかわらず、現代の食生活では、オメガ6系の油を調理で主に使います。その油とは「サラダ油、ひまわり油、大豆油、コーン油、ゴマ油」などです。

いかがでしょうか。これらの油を加熱調理で日常的に使ってはいませんか?

しかもオメガ6系の油は、加工食品、レトルト食品、ファーストフードにも多く使われています。原材料に「植物油」とあれば、ほぼオメガ6系を主成分とする油です。オメガ6系を主成分とする油は**安価で、加工食品などでも使いやすい**のです。

野菜や肉などの食材に含まれるオメガ6系は、避けることはできません。ですから、まずは調理油をかえるとともに、「植物油」と記載されたレトルト食品、ファーストフードを食べる頻度を意識して減らしましょう。

では、加熱調理にはどんな油を使うとよいでしょうか。

オリーブオイルは、オレイン酸というオメガ9系脂肪酸を主成分としています。オメガ9系は非必須脂肪酸であり、必須脂肪酸のバランスを乱す心配がない栄養素です。

また、オレイン酸は消化吸収を助ける働きがあります。胃腸にやさしい油なのです。

オリーブオイルには種類がいくつかあります。エクストラバージン(EV)オリーブオイルのほかに、「精製オリーブオイル」「ピュアオリーブオイル」「オリーブオイル」などです。

EVオリーブオイルは、そのなかでも最高ランクで、**抗糖化作用と抗酸化作用に優れたポリフェノール**という栄養素が豊富です。

この油は、香りがよくフレッシュであるため、生のままとることが推奨されます。

しかし、加熱できないわけではありません。「加熱調理に使うのはもったいない」というだけの理由です。

脳細胞を元気にする食事づくりをしていくためには、加熱調理にEVオリーブオイルを使うといいでしょう。ただし、品質が高いぶん酸化しやすいため、なるべく早く使い切ることが重要です。

ちなみに私は、オメガ6系の油のなかでゴマ油だけは風味づけに少量使います。それによって食欲が高まりますし、塩分を控えめにできます。「絶対にダメ」と禁止事項をつくるのではなく、使うときには少量にしたり、使用の頻度を減らしたりする。禁止事項が増えると、子どもは食事を「面倒」と感じます。

食事はおいしく楽しく笑顔で！ これも受験メシの大切なポイントです。

一方、もう1つの必須脂肪酸であるオメガ3系は、どんな作用があるでしょうか。オメガ3系には、オメガ6系とは反対に「**炎症を抑える作用**」があります。日常的にオメガ3系を多くとっておくと、風邪をひいたり、アレルギー症状が出たりしたとき、炎症の症状が重くならずにすむと期待できます。**受験期に入ったら毎日とる**ことを、ぜひ意識してください。

何より、オメガ3系は脳の健康に直接かかわっている脂肪酸です。脳にとって、最高の活性剤となるのです。

オメガ3系はどんな食品に多いでしょうか? いちばんは**青背の魚に豊富**です。植物油にも、オメガ3系を含むものがあります。主には**亜麻仁油**と**えごま油**です。これらの油には、α-リノレン酸というオメガ3系が豊富です。α-リノレン酸は体内で直接使われる一方、一部がDHAやEPAに変わり、脳の健康に働きます。

オメガ3系脂肪酸とオメガ6系脂肪酸の必須脂肪酸の**摂取バランスは、1対4**が理想とされています。この摂取バランスに整えるには、「亜麻仁油やえごま油を毎日、大さじ1杯ほどとる一方で、オメガ6系の油の摂取を控えるよう心がける」。こうすることで、必須脂肪酸の摂取バランスを整えていくことができます。

実際、亜麻仁油やえごま油を毎日とるようにしたら、子どもの情緒が落ち着いた、アレルギー症状が改善したという声をよく聞きます。ただし、亜麻仁油、えごま油も加熱調理に向かない油です。サラダや豆腐、お浸し、味噌汁などに生のままかけてとるようにしましょう。

ちなみに、α-リノレン酸は、サラダ菜、春菊、小松菜、白菜、ほうれん草、大根葉にも含まれます。これらの野菜も、受験生にどんどん食べさせてください。

「朝ココナッツオイル」で脳をパワー全開に！

もう1つ、受験生の脳活におすすめしたい油があります。**ココナッツオイル**です。

脂肪酸は、炭素が鎖のようにつながって構成されています。その長さから、短鎖、中鎖、長鎖という3つに分類できます。

短鎖は腸内でつくられる脂肪酸。長鎖は植物油や魚油など。そして、ケトン体回路をとくに活性化させる性質を持つのが中鎖脂肪酸です。

中鎖脂肪酸は肝臓ですばやく分解され、ケトン体をつくります。それによって、全身のミトコンドリアが活性化し、**エネルギーの産生量を増やす**と考えられています。

脳や体でのエネルギーの産生量を増やせれば、人はパワフルに活動できます。

こうした働きを期待できるココナッツオイルは、1日をエネルギー全開でスタート

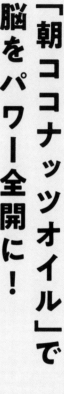

させたい朝食でこそ、使いたい油です。

ココナッツオイルは、加熱調理にも使えます。炒めものや焼きもの、卵焼き、煮物、カレーなど何にでも使えますので、ぜひ、朝食づくりに活用してみてください。この油を使うと、食欲をそそるような甘い風味が料理に加わります。

そこで、簡単にできるドライカレーのレシピを92ページに紹介しましょう。調理時間はわずか10分ほど。忙しい朝でも簡単につくれ、栄養バランスもよく、エネルギーの産生量を増やせると期待できるカレー。多めにつくり置きして冷蔵保存しておけば、3〜4日は持ちます。汁が出ないので、お弁当にも入れられます。

なお、ココナッツオイルよりさらに効率よくケトン体をつくり出せる油があります。**MCTオイル**です。これは、ココナッツオイルなどから中鎖脂肪酸だけを抽出した油。ココナッツオイルは、温度が低いと固まりますが、MCTオイルは無味無臭の透明な液体なので、サラダにかけたり、飲みものに混ぜたりしても味が変わらず、子どもにも受け入れられやすいはずです。

ただし加熱調理には向かないので、**生のまま使うことがポイント**です。

「お腹がグーッ」は集中力を削ぐサイン

勉強中の集中力を高めるには、間食のとり方を変えることも大事です。

とくに重要なのは、**お腹が「グーッ」となる前に何かを口に入れる**こと。

お腹が「グーッ」と鳴る音は、集中力が欠けてくるサインです。

なぜなら、空腹時は、低血糖を起こしやすくなるからです。

おなかが空いているとき、「集中できない」「意欲がわかない」と感じるのは、低血糖のせいである可能性が高いです。低血糖は、脳に与える負担も大きくなります。

また、血糖コントロールという観点からも、空腹はあまりよい状態ではありません。

空腹になってから食事をすると、血糖値がバーンと急上昇しやすく、血糖値スパイクを起こす原因になるからです。

とはいえ、前述したように、間食でラムネや飴などを口にするのも、血糖値スパイクを引き起こしてしまうため、避けたいところです。

では、間食に何を選ぶとよいでしょうか? お菓子も上手に選べば、血糖コントロールを効果的に実践できます。ポイントは、パッケージの裏側にある「成分表示」を見ること。ここをチェックする習慣を、お子さんと一緒につくりましょう。

糖質の量は、**「糖質量=炭水化物−食物繊維」**で計算できます。食物繊維の記載がなければ、「炭水化物量=糖質量」と考えてOKです。成分表示を見て、一度に食べるお菓子の**糖質量が5g以下に抑えられるものを選ぶと理想的**でしょう。

これはまさに「頭がよくなるための宝探し」。そんなつもりで、お子さんと楽しんで習慣化していけるといいですね。

すべてを完璧にやろうとすると、お互いに疲れます。それでは継続が難しくなります。ときには、糖質の高いものを食べたくなることもあるでしょう。

大切なのは**「トータルで見る」**こと。

たとえば、1週間をトータルで考えて、月曜日から土曜日まで低糖質のお菓子でがんばれたら、日曜日にはご褒美を用意してあげる。アイスクリームが好きな子なら、週に1回だけ、アイスクリームを食べる程度なら大丈夫。「よくがんばってるね。ご褒美《ほうび》だよ」といえば勉強の励みにもなるでしょう。

ただし、ラクトアイスやアイスミルクには植物油が含まれます。この植物油にはオメガ6系脂肪酸の油が使われています。脳細胞の健康を考えたら、これは避けたいところ。それならば、ちょっぴり高くなっても、アイスクリームを選んではいかがでしょうか。アイスクリームには、植物油を添加してはいけないと定められています。

しかも**アイスクリームは、ラクトアイスやアイスミルクより血糖値の上昇が小さい**ことも明らかにされています。

なお、血糖コントロールを上手に行なっていくうえで、意外な落とし穴になりやすいのが加工食品に使われている甘味料です。とくに気をつけたいのが、**異性化糖**です。原材料欄に「ブドウ糖果糖液糖」「果糖ブドウ糖液糖」「高果糖液糖」「砂糖混合異性化液糖」などと記載があれば、それが異性化糖です。異性化糖は、トウモロコシなどのデンプンからつくられる甘味料で、果糖とブドウ糖を主成分としていて、「**コーンシロップ**」と呼ばれることもあります。

砂糖よりも価格が安く、さまざまな加工食品に使われていますが、**糖化のリスクはブドウ糖の10倍以上**ともいわれるほど、注意の必要な甘味料なのです。

異性化糖を含む食品は、できるだけ家に持ち込まないことです。調味料のほか、清涼飲料水、クッキー、ケーキ、菓子パン、シリアルバー、プリン、ヨーグルトなどにも多く使用されています。

また、加工食品に多く使われている「アセスルファムK」「アスパルテーム」「スクラロース」「サッカリン」なども**注意が必要な人工甘味料**です。極力避けましょう。以上のような甘味料は、ポン酢や焼肉のタレ、ドレッシング、ケチャップ、ソースなどの調味料にも多く使われています。調味料を含め、加工食品を購入する際には、くり返しますが、商品パッケージの原材料欄を必ずチェックしましょう。

なお、原材料は含有量の多いものから順に記されています。甘味料が最初のほうに記載されていたら、「血糖コントロールの実践に適さない食品」と判断できます。

亜鉛不足に注意！細胞レベルから免疫力を高めよう

受験期、とくに意識してとっていきたいミネラルの1つに**亜鉛**があります。

亜鉛は、新陳代謝で欠かせないミネラルです。

新陳代謝とは、新しい細胞が古い細胞と入れ替わること。細胞分裂によって新たな細胞が生まれる際に、亜鉛が使われています。遺伝情報を担っているＤＮＡやＲＮＡの合成にもかかわっています。

細胞レベルで健康になっていくうえで、亜鉛は欠かせないミネラルなのです。

ところが、**現代の食生活は亜鉛不足を招きやすくなっています**。それは、インスタントラーメンやレトルトカレー、ソーセージ、ハム、冷凍食品など、加工食品を食べる機会が増えているからです。これらの加工食品の原材料欄を見てみてください。食品添加物の名前がずらりと並んでいることに気づくでしょう。

食品添加物のなかには、亜鉛などのミネラルと結合し、体内での吸収を妨げてしまうものがあります。とくに、ほとんどの加工食品に使われている**リン酸塩には、亜鉛を体外に排出してしまう作用がある**とわかっています。そのため、加工食品を日常的に食べている人はとくに亜鉛不足に陥りやすいのです。

亜鉛が体内で不足すると、真っ先に起こってくるのは味を感じる力の低下です。舌に無数に存在する味蕾《みらい》細胞は、味を感じる重要な働きを持ちます。その新陳代謝はスピードが非常に速く、**約2週間というサイクルで細胞が入れ替わります**。このため、亜鉛が不足すると、味蕾細胞が正常に育たず、味覚が衰えてしまうのです。

新型コロナウイルス感染症では、味覚障害を起こす人が大勢いました。

感染症を発症すると、ウイルスなどの病原体と闘うために、免疫細胞の新陳代謝が活発になり、いつも以上に亜鉛が消費されます。その際、体が亜鉛不足の状態にあると、味蕾細胞の新陳代謝に亜鉛が十分に回ってこなくなります。コロナに限らず、風邪に感染した際に味覚障害が起こりやすいのはこのためです。

しかし、心身の健全な成長には、食材本来の味を「おいしい」と感じる味覚が欠かせません。この味覚を育てるのが亜鉛なのです。

亜鉛の含有量がダントツで多いのは、牡蠣です。受験期を迎える冬は、牡蠣のおいしい季節。牡蠣を亜鉛補給に役立てましょう。

ただし、牡蠣の生食は受験期には避けてください。牡蠣の食中毒は主にノロウイルスが原因。ノロウイルスは中心部までしっかり加熱することで死滅させられます。

また、牛肉やレバー、カツオ、納豆、卵、ゴマなどにも亜鉛は含まれています。受験生には、納豆や卵、ゴマを毎日食べさせ、牛肉やレバー、カツオもできるだけ食卓にのせましょう。そのうえで、冬になったら牡蠣をなるべく頻繁に食べさせる。こうすることで味覚を育みつつ、風邪をひいたときに味覚障害を起こすリスクを減らし、**細胞レベルから免疫力を高めていく**ことが期待できます。

なお、亜鉛のほかにも、受験期にとくに必要なミネラルを次ページで紹介します。毎日の食事で摂取していきましょう。

受験生に意識してとらせたい5つのミネラル

① 亜鉛

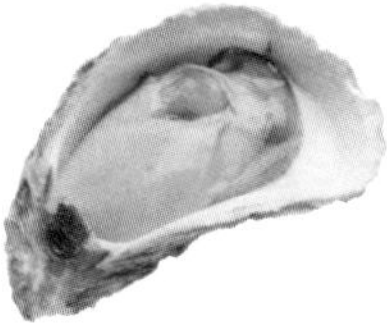

健康な細胞をつくる。免疫力を高める

牡蠣、牛肉やレバー、カツオ、納豆、卵、ゴマ

② 鉄

赤血球の材料。エネルギーの産生量を増やす

レバー、赤身の肉、貝類(あさりやしじみ)、大豆製品、ほうれん草、小松菜

③ カルシウム

骨や歯の強化、神経や筋肉を正常に働かせる

乳製品、小魚、大豆製品、緑黄色野菜(小松菜、ケール、ブロッコリー)

④ マグネシウム

睡眠に重要なメラトニンの合成をサポート

ナッツ類、豆類、全粒穀物、緑黄色野菜、魚介類、海藻類

⑤ セレン

高い抗酸化作用で細胞を守る。免疫力を高める

魚介類(マグロ、サーモン、カジキ)、貝類、肉類、卵、全粒穀物

受験メシは「一汁三菜」が基本

それでは、どんな食事を受験生に用意するとよいか、具体的なポイントを6つにまとめてお伝えします。

受験メシの基本は、「**一汁三菜**」です。

一汁三菜の考え方は、日本人が古くから受け継いできた、健康的で手軽に準備できる食事のスタイルです。まず「ごはん」と「汁物」が基本にあり、そこに3つのおかずを組み合わせた献立を指します。3つのおかずのうち、1つはメイン料理となる「主菜」、残りの2つは「副菜」です。この組み合わせにより、栄養バランスがとれ、体によい食事を簡単に準備できる仕組みになっています。

このシステムにのっとって毎日の食事を用意すれば、自ずと栄養バランスが整いま

す。食事の満足感を損なうことなく、血糖コントロールも行なえるのです。

ポイント1 主食 お茶碗に軽く1杯が適量

血糖コントロールを行なうためには、主食の量と質をしっかり意識すること。

ごはんの量は、受験メシでは、お茶碗に軽く1杯が適量です。

健康な子どもの場合、一汁三菜に加えてお茶碗に軽く1杯のごはんを食べても、血糖値スパイクを起こす心配はないでしょう。白米が好きならば白米でOKです。

ただ、お子さんが雑穀を好きなら、**五穀米や十六穀米を混ぜて炊く**とビタミン、ミネラル、食物繊維の摂取量を手軽に増やせて、おすすめです。

一方、玄米はどうかというと、お子さんが玄米を好きならばOK。ただ、玄米は外皮が硬く、よく噛まないと消化不良を起こします。また、炊飯の前に長い浸水時間も必要です。手軽に効率よく、消化にもよいものを活用したいなら、電子レンジで温めるだけの「発酵玄米パック」や、発芽玄米などの商品を活用するといいでしょう。

さらに、血糖コントロールをもっと有効に行ないたい人には、米の形に大豆を加工した〝**ダイズライス**〟があります。低糖質で高たんぱく、しかも電子レンジで調理できる優れもので、わが家でも定番の食品です。

「朝はやっぱりパンがいい」という子には、小麦粉を使っていない**「グルテンフリー」のパン**はいかがでしょうか。また、「ローカーボ」「低糖質」「糖質オフ」と記載されていれば、血糖値を急上昇させる心配のない材料でパンがつくられています。

厚揚げをパンに見立て、ピザトーストもつくれます（91ページ）。154ページには、卵とクリームチーズだけでつくる「卵チーズパン」も紹介。これらを活用すると、脳細胞や脳内ホルモンの材料となるたんぱく質の摂取量を簡単に増やせます。

ポイント② 主菜　たんぱく質は「ちょっと多め」がちょうどいい

主菜は、肉や魚などのたんぱく質食材の量を、今までより多めに用意します。たんぱく質の必要量は、年齢や性別、体重、運動量によって異なるため、「この量をとりましょう」と明言するのは難しいのですが、1食の献立を俯瞰《ふかん》し、主菜と副菜をあわせ、**全体で4分の1**はあるとよいでしょう。

ポイント③ 1つめの副菜　脳がさえる野菜をたっぷりと

副菜のうち、1つは生野菜をメインとするサラダにしましょう。野菜には、ビタミン、ミネラルが豊富。それらの栄養素が脳内ホルモンをつくる材料になるほか、エネルギーの産生量を増やし、**ポジティブなメンタルと、記憶力や集中力の高い脳をつくるもと**になります。サラダにしらす干しや海苔、ゴマ、カツオ節などをトッピングすると、たんぱく質や良質な脂質、ミネラルの摂取量を増やせておすすめです。

また、野菜や果物を使ってスムージーをつくるのも◎。「朝は食欲がわかない」というときにも、コップ1杯でビタミン、ミネラルをたっぷり摂取できます。新鮮な野菜にバナナとアーモンドミルクをあわせると、甘味が出て飲みやすくなります。

ポイント4　2つめの副菜　大豆や卵の料理でさらなる脳活を

2つめの副菜には、豆腐や納豆などの大豆製品や卵料理を用意しましょう。大豆製品や卵は、たんぱく質、ビタミン、ミネラルも豊富で、しかも調理が簡単です。納豆だけでも立派な一品になります。旬の野菜やキノコ、トマトなどを使って卵とじをつくれば、手軽にたんぱく質、ビタミン、ミネラルを補給できて、おすすめです。

ポイント5　味噌汁　体調やメンタルを整える

味噌は伝統的な日本の発酵食品。味噌には糖化を防ぎ、**体にたまったAGEsを排出する「抗糖化作用」がある**ことがわかっています。しかも、味噌汁には、脳と心と体を癒す効果があります。体調やメンタルの状態にあわせて具をかえれば、味噌汁1杯が立派な滋養食になります。味噌汁については、6章でお話しします。

ポイント6　油　良質な脂質で脳を活性化

脂質にもこだわりましょう。加熱調理にはEVオリーブオイルかココナッツオイルを使います。朝食ではMCTオイルを、夕食では亜麻仁油やえごま油をドレッシングなどにしてスプーン1杯とらせましょう。「油は太る」というイメージがありますが、糖質の摂取量を減らしていれば、脂質はケトン体回路を動かし、ミトコンドリアを活性化する原動力になってくれるので、この程度の量なら心配ないでしょう。

パンがなくても
ピザはつくれる

厚揚げで「とろ～りピザトースト」

材料 2枚分

厚揚げ …………… 大1枚
ピーマンの輪切り（赤と緑）
…………………… 適量
ツナ缶 ……………… 1 缶
ミックスチーズ ……… 10 g
EV オリーブオイル
……………… 小さじ1

1 厚揚げは半分の厚さに切る。ピーマンは輪切りにする。

2 2枚になった厚揚げは、フライパンに油をひいて、カリッとなるまで両面を焼く。

3 厚揚げの上にツナ、ピーマンの輪切り、ミックスチーズをのせてフタをして弱火でしばらく加熱する。チーズが溶けたら火を止めて完成。
通常のピザと同じく、手で持って食べよう！

脳にエネルギーをチャージ!

JUKEN MESHI RECIPE

ココナッツオイルのドライカレー

材料 4人分

ココナッツオイル …… 適量
合挽き肉 ………… 400g
玉ネギ …………… 1個
トマト（中）………… 1個
ナス（小）…………… 2本
マッシュルーム
（他のキノコでも可）……… 8個
ニンニク、ショウガチューブ
（2cmずつ）
味噌 …………… 小さじ2
塩 …………… 小さじ1/2

（スパイス）
カレーパウダー ……… 小さじ4
ターメリックパウダー … 小さじ2
シナモンパウダー …… 小さじ2
カルダモンパウダー …. 小さじ2

※スパイスも脳の活性化に役立ちます。毎日の調理にどんどん活用していきましょう！

1 ナスと玉ネギは粗みじん、トマトはざく切り、マッシュルームは薄くスライスする。

2 フライパンにココナッツオイルをひき、ニンニクとショウガ、1の切った野菜とキノコを入れ、塩少々をふって炒め、水分がなくなるまで加熱する。

3 合挽き肉を加え、ほぐしながら加熱し、スパイス類と味噌を加えてなじませ、塩で味を調えれば完成！

低糖質で安心!
勉強のおともに

JUKEN MESHI RECIPE

簡単!
油揚げスナック

材料

油揚げ……………2枚
塩…………………少々
お好みで
パルメザンチーズ、ガーリックパウダー、青海苔、餡子(あんこ)など

1 油揚げを1cm幅のスティック状に切って塩をふる。

2 トースターでカリカリに焼く。

3 パルメザンチーズやガーリックパウダー、青海苔などをお好みでかけたり、餡子(レシピ112ページ)を添えたりして食べよう。

3分でできる！
血糖コントロール
に最適

JUKEN MESHI RECIPE

おから蒸しパン

材料 1個分

おからパウダー … 大さじ3
ベーキングパウダー
…………… 小さじ1/ 2
卵 …………………… 1個
ラカントアルロースブレンド
……………… 大さじ1
オリーブオイル …… 小さじ1
水 ……………… 大さじ3

※1個分の分量です。多めにつくっておけば、冷凍保存も可能。その場合、食べるときにはトースターで温めてください。
※「ラカントアルロースブレンド（サラヤ株式会社）」は血糖値スパイクを抑える甘味料です（以下同）。一度に食べすぎなければ、砂糖を使ってもOKです。

1 卵、ラカントアルロースブレンド、水、オリーブオイル、おからパウダー、ベーキングパウダーをなめらかになるまで混ぜる。

2 耐熱の容器に入れて、レンジ600Wで約３分、加熱すれば完成。

2章

頭の働きがよくなる！おすすめ食材

まずは「脳の糖化を防ぐ」ことが大切！

子どもにとって、食事がどれほど大切なものか、おわかりいただけたと思います。

では、実際にどんな食材を選んでいくといいのでしょうか？　本章からは、子どもの**成績アップにとくに効果的な食材を選び、ランキング形式で紹介**します。

ポイントは、「栄養価の高さ」「スーパーマーケットなどで購入しやすいこと」「子どもが食べやすいこと」です。「これが絶対」というのではなく、「こんな観点で選んでいくといいんだな」と参考にしていただけると幸いです。

まず、2章で考えていきたいのは、「**糖化**」です。糖化は脳細胞の働きを低下させる大きなリスクファクターです。

そのいちばんの原因は血糖値スパイクです。糖質たっぷりの食事やお菓子を食べるたびに、血糖値スパイクはくり返され、糖化がじわじわと進んでいきます。そうして、やがてＡＧＥｓ（終末糖化産物）がつくられます。

現在は、離乳したばかりの頃から、１日３～５回も、お米や小麦粉などの糖質メインの食事をする子どもが増えました。**離乳食がすでに血糖値スパイクを引き起こす原因になっているケースも多い**のです。

ただし、糖化の度合いが低い段階ならば、血糖コントロールを行なうことで改善させていくことができます。また、いったんできてしまったＡＧＥｓも抗糖化作用のあるものを食べることで、分解・排出できることがわかっています。

このことを長年にわたって研究されているのは、同志社大学糖化ストレス研究センターの教授である八《や》木《ぎ》雅之《まさゆき》先生です。日本における糖化研究の第一人者です。

八木先生の研究チームは、身近な食材や健康茶、ハーブなどを数百種類も１つひとつ調査し、どんなものに抗糖化作用があるのか、何が抗糖化作用をもたらしているのかを研究されています。結果、ポリフェノールが豊富な食材に抗糖化作用が高いものが多いことがわかっています。

そこで、本章では、**抗糖化作用の高い食材**を５つ選んで紹介します。

受験生に「おすすめの甘味料」はこの4つ

抗糖化作用に優れた食品をとる一方で、糖化を起こす食品を避けることも大切です。

最近は「糖類ゼロ」をうたう商品も増えましたが、**糖類とは、糖質のほんの一部**。糖質には多糖類、糖アルコールなどが含まれ、糖類以外にも、血糖値を急上昇させるものはあります。「糖類ゼロ」の商品では、血糖コントロールができない可能性が高いことを知っておいてください。

一方、「糖質ゼロ」であれば、糖類を含むすべての糖質の量が、食品100g当たり0・5g未満と定められています。血糖値が急上昇する心配はありません。**「糖質ゼロ」の商品は、血糖コントロールに活用できる食品**、ということです。

なお、糖類のなかにも血糖値を上げにくいものがあります。そのなかでも受験メシの調理に活用していきたい糖類を4つ紹介します。

◎ラカンカ　ウリ科の植物「羅漢果（ラカンカ）」からつくられた甘味料。「長寿の神果」として数百年もの食経験がある。甘さは砂糖の100~200倍も。スーパーでも「ラカント」という商品が販売されており、日常の調理にも活用しやすい。

◎アルロース（希少糖）　果糖を原料につくられる甘味料。「希少糖」ともいわれるように、自然界に微量しか存在しない天然由来の甘味料。低カロリーの甘味料としては比較的新しいが、アメリカではすでに浸透している。

◎フラクトオリゴ糖　玉ネギ、ニンニク、アスパラガス、バナナ、トマトなどの野菜や果物にも含まれるオリゴ糖。胃や小腸から吸収されず、腸内のビフィズス菌のエサになり、腸活にもよい。

◎ステビア　キク科の多年草「ステビア」の葉からつくられる甘味料。甘さは砂糖の約200倍で、少量加えるだけで十分な甘味を味わえる。

これらの甘味料をストックしておくと、血糖値を気にせず調理できて便利です。

3位

梅干し&お酢

「酸っぱい食品」は脳の味方

やる気や集中力アップ
にも効果絶大!

4位

サニーレタス

抗糖化力は玉レタスの4倍!

サラダの具材に選びたい
「健脳食材」。

5位

ケール&モロヘイヤ

絶対食べたい「野菜の王様」

栄養価の高い野菜は
「血糖コントロール」にも最適。

頭の働きがよくなる食材ベスト5

頭の働きをよくするには、「糖化」を防ぐことが重要。
ここでは、抗糖化作用がバツグンの食材ベスト5を紹介します。

1位 小豆

脳細胞がみるみる元気に！

抗糖化力が高い
「ポリフェノール」が
赤ワインの約2倍！

2位 ルイボスティ&緑茶

飲むたびに脳がリラックス！

糖化対策＆リラックス効果
を同時にゲット！

ベスト1位

小豆

脳細胞がみるみる元気に！

八木雅之先生たちの研究によって、**小豆には優れた抗糖化作用がある**ことがわかりました。小豆の何がよいのかというと、ポリフェノールが豊富なことです。

ポリフェノールは、自然界に5000種類以上あると見られています。小豆にはそのうちアントシアニン、イソフラボン、ルチン、レスベラトロール、カテキンなどが含まれています。ちなみに、ポリフェノールの豊富さで知られている食品に赤ワインがありますが、含有量でいえば、**小豆は赤ワインのなんと約2倍**。このポリフェノールの豊かさが、優れた抗糖化作用の理由と八木先生は話されています。

しかも、小豆には、セロトニンやドーパミンなどの脳内ホルモンの材料もたっぷり。良質なたんぱく質、ビタミンB_6、鉄などが豊富なのです。

また、エネルギーの産生力を高めるビタミンB群、免疫力の強化に不可欠なビタミンC、むくみの解消によいカリウムなども、あの小さな粒に含まれています。

とはいえ、小豆の代表的な食べ方といえば、たっぷりの砂糖と煮て餡子《あんこ》にすること。餡子には、血糖値を急上昇させそうな甘さがあります。ところが、八木先生たちの研究によって、健康な人の場合、**餡子は血糖値を急上昇させない**とわかりました（糖尿病やその予備軍の人には該当しないことがあります）。

理由は、小豆に豊富に含まれる食物繊維と餡粒子と呼ばれるでんぷんの特殊な構造にあると考えられます。これらが、糖質量が比較的多いにもかかわらず、**糖質の吸収をゆるやかにしてくれる**のです。

頭が疲れたな、甘いものが欲しいな、というときには、餡子のお菓子がおすすめ。いっきに食べるのではなく、勉強中にチョコチョコ食べることで、血糖値の上昇をさらにゆるやかにできます。たとえば、コンビニには小さな羊かんが置かれていますね。あのくらいのサイズを休憩時に1個口に入れると、脳の活性化に役立つでしょう。

なお、餡子を自宅でつくれば、もっと安心して子どもに食べさせられます。砂糖のかわりに、ラカントなど血糖値を急上昇させない糖質を使って調理できるからです。

ベスト 2位

ルイボスティ&緑茶

飲むたびに脳がリラックス！

毎日、お子さんが持ち歩く水筒。何を入れていますか？

糖化対策は、水筒に何を入れるかを工夫することで、簡単にできます。

おすすめは、ルイボスティです。

ルイボスティは、古くから南アフリカの原住民たちが飲んできたお茶で、豆科の低木の針状の葉からつくられます。現地の言葉でルイは「赤い」、ボスは「やぶ」の意味。乾燥した大地、強い紫外線、朝夕の気温差が30度、という厳しい環境で収穫されるルイボスティ。そこには、**抗糖化力の高いポリフェノールが非常に多く含まれている**のです。

しかも、カルシウム、マグネシウム、カリウム、亜鉛などのミネラルも豊富。なか

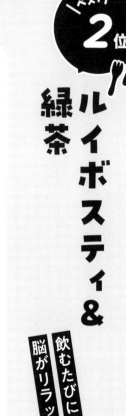

でもカルシウムは、骨の健康に必要なミネラルである一方、脳の神経細胞の興奮を抑える作用もあります。よって、勉強の合間にルイボスティを飲むと、脳をリラックスさせてあげることができるでしょう。

なお、ルイボスティは、有機栽培の商品が多く流通しています。そちらを選ぶと、より安心して子どもに飲ませてあげられます。

また、脳の働きを高めるお茶という点では、**緑茶もおすすめ**。緑茶には、カテキンというポリフェノールが豊富です。ちょっと話がそれますが、裏千家の大宗匠《だいそうしょう》が100歳を超えてなお元気に活動されているのは、抹茶と小豆という抗糖化作用の高いものを毎日とり続けているから、と私は勝手に考えています。

しかも、緑茶を飲むことで、**前頭葉の働きが活性化する**という報告もあります。前頭葉とは、思考や判断をつかさどる脳。学習する際に使われている部分です。

さらに、緑茶はリラックス効果がある一方、やる気ホルモンのドーパミンを増加させるとも。「子どもがゲームばかりしていて困っている」と嘆くお母さん方の声をよく聞きますが、「勉強は?」と叱るより、「お茶をどうぞ」とスッと出してあげると、やる気ホルモンのスイッチを押せて効果的かもしれませんね。

ベスト 3位

梅干し＆お酢

「酸っぱい食品」は脳の味方

「酸っぱい！」と感じる食品にも、抗糖化作用があります。

酸っぱいものの代表といえば梅干しですね。その酸っぱさの成分はクエン酸。**クエン酸にも抗糖化作用がある**とわかっています。しかも、梅干しにはポリフェノールもたっぷり。梅干しは、クエン酸とポリフェノールという両面から脳細胞の糖化を防ぎ、蓄積したＡＧＥｓを排除していけると期待できます。

梅干しには、乳酸菌も含まれています。乳酸菌は、腸内環境を整えるとともに、免疫細胞を活性化する働きがあり、食中毒や風邪などの感染症を予防していくことができます。しかも、クエン酸には**疲労回復の作用**も。毎日1粒食べることで、その日を元気にすごすことができるでしょう。お弁当にはぜひ梅干しを入れましょう。

そうした健康作用の高さから「梅はその日の難のがれ」と昔からいわれてきました。

また、**お酢も毎日とりたい**酸っぱい食品。ただし、お酢に含まれるクエン酸は少量です。お酢の主成分は酢酸。酢酸がお酢の酸っぱさの正体です。ところが酢酸は、体内でクエン酸に変化します。お酢の抗糖化作用は、そこにあると考えられます。

なお、酢酸そのものにも、便秘解消や内臓脂肪の燃焼をサポートするなど、多くの健康作用があります。

さらに、食事と一緒にお酢を大さじ1杯とると、食後の高血糖を防げるという報告もあります。

クエン酸はミトコンドリアの働きにも重要な成分。エネルギーの産生力を高めてくれるのです。エネルギーの産生量は、やる気や集中力に直結する問題です。

ただ、お酢が苦手な子は多いですよね。その場合は、加熱調理にどんどん使いましょう。**お酢は熱を加えても変質しにくい**特徴があります。肉を煮たり焼いたりする際に酢を加えると軟らかくなり、コクが出て食欲をそそる味になります。

酢のものやドレッシングをつくる際には、ラカントなどで甘みを強めにしてあげると、子どもも食べやすい味になります。

ベスト4位

サニーレタス

抗糖化力は玉レタスの4倍！

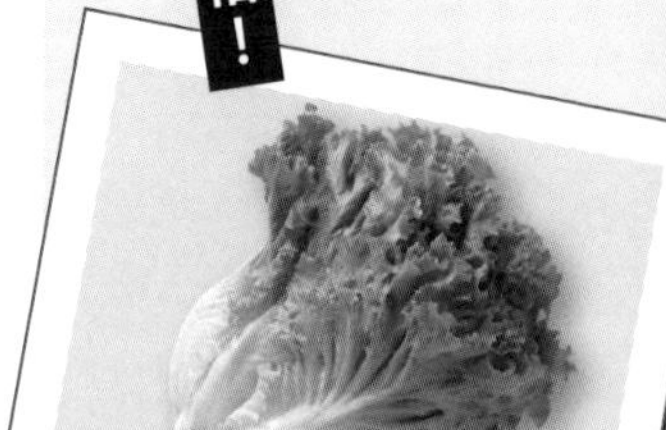

毎日、お子さんにサラダを食べさせていますか？

受験メシで大切にしたいのは、何か特別な料理を食べさせるのではなく、**毎日の当たり前の料理の材料を、より脳の働きによいものに入れかえていく**ことです。

たとえば、毎日、当たり前のように用意しているサラダの材料も、選び方次第で脳細胞の活性化に貢献していける、ということです。

たとえば、レタスはどんなものを選んでいますか？

おすすめしたいのはサニーレタスです。サニーレタスには、**通常の玉レタスより4倍も多くのポリフェノール**が含まれています。そのぶん、抗糖化作用が高いのです。

ポリフェノールは、植物の色、香り、辛味、苦味、渋味、えぐ味の成分。これらが

より濃いものを選ぶとポリフェノールを摂取できます。具体的には、サニーレタスの紫色の成分がポリフェノールになります。

このように、野菜を選ぶ際には、**色や味が濃いものを選ぶと、ポリフェノールを効率よく摂取できます**。

なお、八木先生たちの研究では、キク科の野菜は抗糖化作用が高いことがわかっています。キク科の野菜には、サニーレタスのほかに**春菊**、**ヨモギ**、**ゴボウ**、**フキ**があります。こうした食品も、積極的に食べていくことが、脳細胞の活性化に役立ちます。

さらに、ポリフェノールには、「抗酸化作用」もあります。

抗酸化作用とは、その名のとおり、酸化を防ぐ働きのこと。

私たちの体内では、活性酸素という酸化力の強い物質がつねに発生していることをご存じでしょうか。この活性酸素も脳細胞を劣化させ、脳の働きを低下させる原因物質の1つです。その活性酸素を排除する力も、ポリフェノールは強いのです。

ポリフェノールはとり方も重要です。水に溶け出しやすい水溶性の性質を持つからです。水溶性の物質は、体内に入ると数時間のうちに排出されていきます。ですから、生の野菜を毎食とることが脳細胞の活性化には大切なのです。

ベスト 5位

ケール&モロヘイヤ

絶対食べたい「野菜の王様」

「スーパーでこれを見つけたら、絶対食べて！」

と、おすすめしたい食材があります。その1つがケールです。

ケールは、日本のスーパーではなかなか見つけることができない野菜ですが、5～6月、10～11月という旬の時期には野菜売り場に並ぶことが増えました。

日本ではマイナーな野菜のケール。ですが、世界では「健康的な野菜」といえば真っ先にその名が上がるほど、**栄養価の高い野菜**です。特筆すべきは、やはりポリフェノールの豊富さ。そのぶん、抗糖化作用と抗酸化作用を期待できるのです。

また、野菜でありながら、**カルシウムの含有量は牛乳以上**です。抗酸化作用が高いβ-カロテンやビタミンE、赤血球がつくられる際に必要な葉酸、免疫力アップに欠かせないビタミンC、そして貧血予防に重要な鉄もたっぷり含まれています。

ただ、使いなれない野菜は、購入をためらってしまいますよね。そこで、おいしい食べ方をお伝えしましょう。

1つは、トースターでカリカリに焼くこと。一口大に切ったケールをトースターで焼き、ハーブソルトをふってください。**副菜にもおやつにもぴったり**の一品が完成します。また、ケールとナチュラルチーズを、塩コショウをした薄切りの豚肉で巻き、フライパンで焼くと、子どもが喜ぶ絶品おかずになります。

さらに、**モロヘイヤ**も栄養価の高い野菜。旬の夏には毎日でも食べたい野菜です。不治の病に苦しんだ古代エジプトの王が、モロヘイヤのスープで治ったとの伝説もあり、**「王様の野菜**（ムルキーヤ）」が転じてモロヘイヤという名前になったともいわれています。モロヘイヤもポリフェノールが豊富。また、ゆでたときに出るぬめりの成分には血糖値の上昇を抑える働きがあり、**血糖コントロールにも最適**です。

たっぷりの熱湯でゆで、水にさらしたら、水気を切るところまでは、通常のお浸しのつくり方と一緒。その後、モロヘイヤは細かく刻んでぬめりを出しましょう。納豆とあえたり、豆腐にのせたり、スープにしたりすると、おいしくいただけます。

炊飯器で簡単！
脳をイキイキ活性化

餡子《あんこ》

材料

小豆 ……………… 250g
ラカントアルロースブレンド
…………………… 120g
塩 …………………… 3g
水 ………………… 適量

※一度に食べすぎなければ
アルロースブレンドを砂糖に加えてもOK！

1 小豆を軽く水洗いして、炊飯器のお釜に入れる。3合の目盛りまで水を注ぐ。炊飯器の通常の白米炊きにセットし、炊飯をスタートする。

2 炊飯が終了したら、ラカントアルロースブレンドと塩を入れ、軽く混ぜて溶かす。再度、炊飯をスタート。

3 炊飯が終了したら、軽くかき混ぜて、3回目の炊飯をスタート。終了したら、豆を潰しながらよく混ぜ、好みの餡子の状態にする。水分が少なければ、水を少し足しながら混ぜよう。

※炊飯器の機種によって、できあがりに差が出ます。水分を調整しながら炊き上げてください。小豆がちょうどよく柔らかくなっていれば、2回の炊飯でもOK。
※おやつにそのまま食べたり、おしるこにしたり。「油揚げスナック(93ページ)」「おから蒸しパン(94ページ)」「卵チーズパン(154ページ)」などに添えてもおいしいですよ。

お弁当にも、
おやつにも最高！

照り焼きハンバーガー

材料

鶏もも肉 ……… 1枚（250g）
ラカントアルロースブレンド
……………… 大さじ１
糖質オフ酒 ……… 大さじ２
醤油 ……………… 大さじ１
サニーレタス ………… ２枚
オリーブオイル ……… 適量
卵チーズパン
（レシピ154ページ）

※調理酒はじつは糖質が多い調味料。糖質オフの調理酒をストックしておくと、糖質を気にせずに調理できて便利です。通常のスーパーでもパック入りの商品が置かれています。

1. 鶏もも肉を6等分してフォークで穴をあける。
2. ビニール袋に１とラカントアルロースブレンド、糖質オフ酒、醤油を入れてもみ、味が染みるまで冷蔵庫でしばらく置く。
3. フライパンにオリーブオイルをひいて、２を焼く。
4. 卵チーズパンに、サニーレタス、３を挟めば完成。ラップに包めばお弁当にも持っていけます。

成長に必要な
栄養を一度に
摂取

JUKEN MESHI RECIPE

牡蠣とケールのアヒージョ

材料 4人分

牡蠣 ……………… 20個
ケール ……… 1袋（約100g）
赤パプリカ ………… 1/2個
マッシュルーム（水煮でも可）
…………………… 12個
ガーリックパウダー …… 適量
塩、コショウ ………… 適量
オリーブオイル
‥ 盛る器の2/3ほどの量

牡蠣の下処理

ボウルの中で牡蠣に片栗粉をまぶし、水をひたひたになるまで加え、牡蠣を洗う。水が濁らなくなるまで、水をとりかえて何度か洗う。

1 ケールと赤パプリカは食べやすいサイズに切る。

2 1とマッシュルームと牡蠣をオリーブオイルを引いたフライパンで炒める。

3 別鍋にオリーブオイル全量とガーリックパウダー、塩、コショウを入れて加熱する。

4 2をアヒージョ用の器に入れたら、3も流し込んで完成。

※「おから蒸しパン（94ページ）」「卵チーズパン（154ページ）」にのせて食べても◎。

3章

記憶力&やる気を高める！おすすめ食材

記憶力や集中力、やる気は食事で高めていける！

記憶力や集中力、頭の回転、やる気は、食べもので高めていくことができます。

受験勉強をがんばるのは子ども自身ですが、食事という強力な武器で援護射撃をしていけるのは、親御さんだけに与えられた特権です。

そこで大事になってくるのが、1章でお話しした脳内ホルモンです。

受験勉強でより重要になってくるのは、前述したように、セロトニン、メラトニン、ドーパミン、ＧＡＢＡという脳内ホルモンの働きです。その分泌量を増やすには、食事から材料となる栄養素をとっていくことが必要です。

脳内ホルモンの第一の材料はたんぱく質。そして、たんぱく質がアミノ酸に分解され、それぞれの脳内ホルモンに合成されていく際に、葉酸、ナイアシン、ビタミンB_6、鉄、そしてマグネシウムという栄養素が必要になります。

本章では、これらの**脳内ホルモンを増やしつつ、脳細胞の健康によい食材**を5つ、ランキング形式で紹介します。

なお、たんぱく質のとり方で、1つだけ頭に入れておいてほしいことがあります。それは、「**アミノ酸スコア**」という考え方です。私たちが口から入れたたんぱく質は、小腸で20種類のアミノ酸に分解されます。このうち、体内で合成できず、食事から摂取する必要のある9種類のアミノ酸を「必須アミノ酸」と呼びます。必須アミノ酸の働きは、9種類のなかでもっとも少ないアミノ酸のレベルに制限されてしまう、という性質があります。つまり、ほかのアミノ酸の含有量がずば抜けて多くても、1種類でも少ないものがあれば、余剰分は使われずに排出されることになります。

食品は、その種類によって必須アミノ酸の含有量が異なります。

そこで、栄養学では「アミノ酸スコア」という数値を示しています。アミノ酸スコアが100の食べものは、理想的なアミノ酸バランスを持ったたんぱく源であることを表します。

本章で紹介する5つは、**すべてアミノ酸スコアが100の食材**です。

「睡眠の質」は「朝食のたんぱく質量」で決まる

受験日が近づいてくると、睡眠時間を削って勉強する子が多くなります。

ですが、睡眠不足は、脳の働きを低下させます。

睡眠中、脳の神経細胞は、修復と再生を行なっているというのに、睡眠を削っては、日中に傷ついた神経細胞を修復できなくなります。しかも、集中力や注意力、判断力などにかかわる**前頭葉は、睡眠不足によるダメージを負いやすい**のです。

こうした状態で勉強しても、脳は学んだことを十分に定着させられません。何より、メンタルを不安定にします。不安感や焦りが大きくなれば、やる気は落ちます。

そこで重要になってくるのが、**幸せホルモンのセロトニンと睡眠ホルモンのメラトニン**です。日中には意欲的に勉強し、夜になったら眠る。このサイクルをつくり出してくれるのが、セロトニンとメラトニンなのです。

じつは、**睡眠の質を上げるため、朝食の役割は重要**です。というのも、必須アミノ酸であるトリプトファンの朝食時の摂取量と寝起きの状態には、相関関係があることがわかっています。朝食でのトリプトファンの摂取量が少ない子は寝起きが悪いことが多く、**トリプトファンの摂取量が多い子は寝起きがよい**とも報告されています。

では、どの程度の量のトリプトファンをとるとよいでしょうか。最低でも、朝食に300~400mgが必要とされています。朝食づくりの参考にしてください。

〈平均摂取量〉	〈トリプトファンの含有量〉
魚(100g)	215mg
肉類(100g)	205mg
納豆(48g)	98mg
卵1個(50g)	90mg
牛乳(100mℓ)	45mg
味噌(20g)	25mg

3位
高野豆腐

脳をパワフルに
働かせる
栄養食材！

鉄の含有量は
「木綿豆腐」の約5倍！

4位
鶏の胸肉

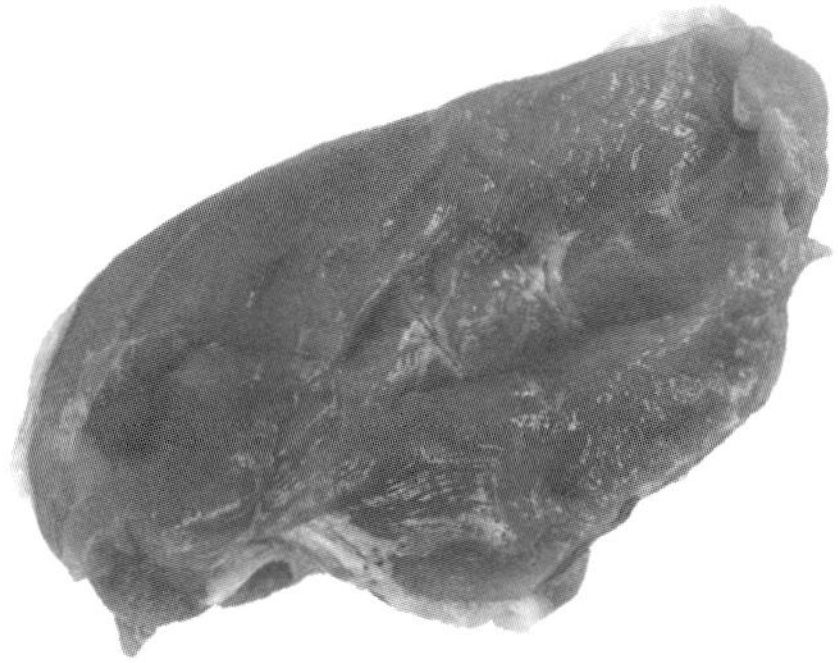

脳の疲労回復に
最適なたんぱく質食

サラダチキンで
脳をリフレッシュ！

5位
鮭

強力な「抗酸化力」
で脳細胞を守る！

抗酸化力抜群の
アスタキサンチンを丸ごと摂取！

記憶力&やる気を高める食材ベスト5

記憶力、集中力、頭の回転、やる気を高めるには、脳内ホルモンが重要。ここでは、脳内ホルモンを増やし、脳細胞を活性化させる食材ベスト5を紹介します。

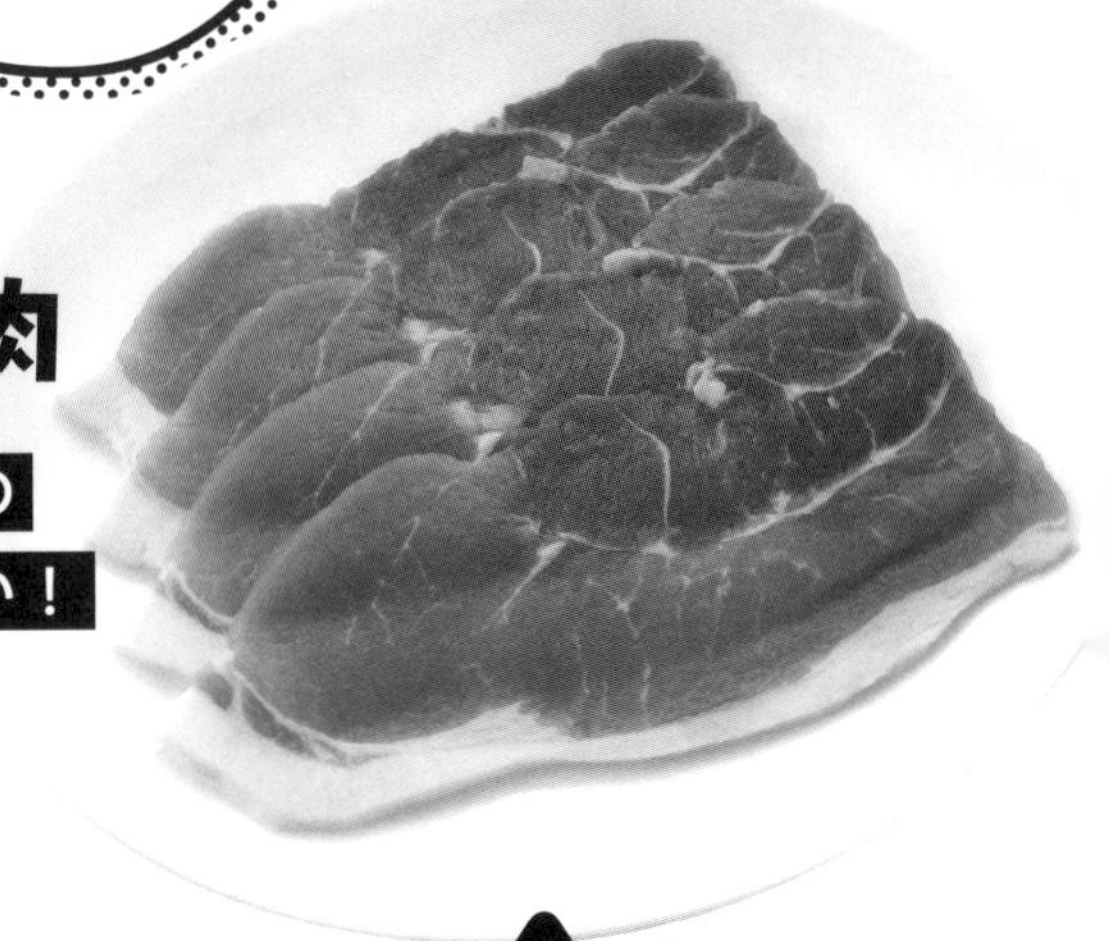

1位 豚肉

脳内ホルモンの材料が勢ぞろい！

勉強に必要な
脳内ホルモンを
効率よく摂取できる！

2位 牛肉

やる気と記憶力が同時にアップ！

「肉の王様」牛肉には、
良質なたんぱく質、
ミネラルが豊富！

ベスト1位

豚肉

脳内ホルモンの材料が勢ぞろい！

「肉は脂肪が気になるし、健康によくない。だから、食べすぎないほうがいい」

そんなふうに思い込んでいる人が、日本人には多く見られます。

しかし、**肉はいずれもアミノ酸スコアが100点満点**。アミノ酸スコアが100とは、人体が欲するように必須アミノ酸がバランスよく含まれていることを表します。肉は、必須アミノ酸がバランスよく豊富に含まれている食品なのです。

しかも、脳内ホルモンを増やすうえで、肉は重要な食材です。

とくに豚肉は、ビタミンB群がダントツに多いのが特徴。セロトニンやメラトニン、ドーパミン、GABAを合成する際に必要なビタミン類である「葉酸、ナイアシン、ビタミンB_6」は、すべてビタミンB群です。ちなみに葉酸は別名をビタミンB_9、ナイアシンはビタミンB_3といいます。

つまり、**豚肉を食べれば、勉強に必要な脳内ホルモンを効果的に増やしていける**、ということ。意欲的に学べる脳をつくるうえで、豚肉は最適な食材なのです。

ただし、コレステロール量が多いのも事実です。肉が悪玉視される一因にコレステロールがあり、これは生活習慣病の原因物質の1つとして挙げられています。

しかし実際には、体内のコレステロールのなかで、食事からとったものは約3割だけで、残りの7割は体内で合成されたものです。

ではなぜ、そんなに多くのコレステロールが体内で合成されるのでしょうか？

健康の維持に必要だからです。脳の健康にも欠かせません。脳の神経細胞の細胞膜の材料にコレステロールが使われているのです。実際、脳の脂質のうち20～30％はコレステロールが占めています。脳の健康にコレステロールは不可欠。

「豚肉は健康に悪いかも」ではなく、むしろ「**脳活に食べさせたい食材**」なのです。

ちなみに、豚肉は調理がラクなのもうれしいですよね。薄切り肉をサッと焼いて、塩とコショウをふるだけで、子どもが喜ぶ一品になり、時短にもピッタリ。そこにカレー粉をふるとさらにおいしく、鉄分やクルクミン（抗酸化物質）なども摂取できます。

ベスト2位

牛肉

やる気と記憶力が同時にアップ！

「**肉の王様**」といえば、やっぱり牛肉。価格は上がりますが、そのぶん、良質なたんぱく質が含まれます。アミノ酸スコアも100点満点です。

しかも牛肉は、ミネラルが豊富です。とくに多いのが鉄。鉄は、幸せホルモンであるセロトニンと睡眠ホルモンのメラトニン、やる気ホルモンであるドーパミンの合成で使われるミネラルです。牛肉を食べることで、脳のなかでセロトニンやドーパミンなど、**ポジティブな感情を生み出す脳内ホルモン**が分泌しやすくなります。

また、鉄は、意欲的に毎日をすごすうえで、何より重要なミネラルでもあります。ミトコンドリアでのエネルギー産生量を増やしてくれるからです。

このことについては、「高野豆腐」の項目で詳しくお話しします。

さらに、前述したように、牛肉には亜鉛が豊富です。亜鉛が、細胞レベルから健康になるうえで必要不可欠なミネラルであることは1章でお話ししました。免疫力の強化にも重要。風邪予防にも牛肉はよい食材です。

なお、亜鉛は脳の働きにも欠かせません。とくに記憶をつかさどる脳の海馬には、亜鉛が多く存在しています。**亜鉛が記憶力に重要な役割を果たしている**のです。そのため、亜鉛が不足すると、記憶力の低下につながっていきます。

だからこそ、受験期にはとくに亜鉛が必要です。亜鉛は、牛肉のほかに、**牡蠣**や**レバー**、**カツオ**、**納豆**、**卵**、**ゴマ**などに豊富。また、**貝類**、**豚肉**、**カツオ**、**サバ**、**イワシ**などにも含まれます。**ココア**にも豊富です。

牛肉は食卓に頻繁に上げたい食材。特売日に買いだめしておくのもおすすめです。冷凍すれば約1カ月は保存できます。

冷凍した肉は、低温でゆっくり解凍するのがポイント。解凍には冷蔵庫の氷温室(チルド室)を活用しましょう。なお、ステーキ肉は、冷蔵庫から出してすぐに熱いフライパンにのせると焦げやすく、ミディアムに仕上げようとすると生焼けの原因に。調理の30分ほど前に冷蔵庫から出し、室温に戻してから焼くと上手に仕上がります。

ベスト 3位

高野豆腐

脳をパワフルに
働かせる
栄養食材！

勉強の効率を高めるためには、記憶力、集中力、やる気、疲れにくさなど、脳がパワフルに働ける状態をつくり出していくことが大切です。

脳がパワフルに働けるかどうかは、脳内でつくられるエネルギー量で決まります。

そこで重要になってくるのが、鉄です。

そして、手軽に鉄分を補給するのにピッタリの食材といえば、高野豆腐です。大豆にも鉄が含まれますが、高野豆腐になるとその量はけた違いに増えます。

高野豆腐は、豆腐を凍結し、低温熟成させたあとに乾燥させてつくるため、**大豆の栄養素がギュッと濃縮**されています。鉄が豊富なのはこのためです。その含有量は、**木綿豆腐の約5倍**にもなります。しかも、アミノ酸スコアは100点です。

ではなぜ、エネルギーの産生量を増やすために、鉄が必要なのでしょうか？

エネルギーの産生装置ともいえるミトコンドリアをスムーズに働かせる際に、鉄とビタミンB群が使われるためです。これらが不足してしまうと、ミトコンドリアの働きが滞り、エネルギー産生量も減ってしまいます。

反対に、**鉄とビタミンB群の摂取量を増やせば、ミトコンドリアの働きを活性化できます**。1つの細胞内に存在するミトコンドリアの数は100～2000個。それらすべてのミトコンドリアの働きを高められれば、エネルギーの産生量もそのぶん増やせるのです。

とくに脳の神経細胞には、ミトコンドリアがたくさん存在しています。脳の働きには大量のエネルギーが必要なのです。勉強で**脳をパワフルに働かせるには、鉄をしっかりとって、エネルギー量を増やしてあげる**ことが欠かせません。

最近は、さまざまな形態の高野豆腐が販売されています。高野豆腐というと煮物のイメージが強いかもしれませんが、チップ状や粉状のものもあります。味噌汁に入れたり、野菜炒めの具材にしたり、粉状のものはフライの揚げ衣にしたり……。

さまざまな料理に活用して、鉄とたんぱく質の摂取量を増やしていきましょう。

ベスト
4位

鶏の胸肉

脳の疲労回復に
最適なたんぱく質食

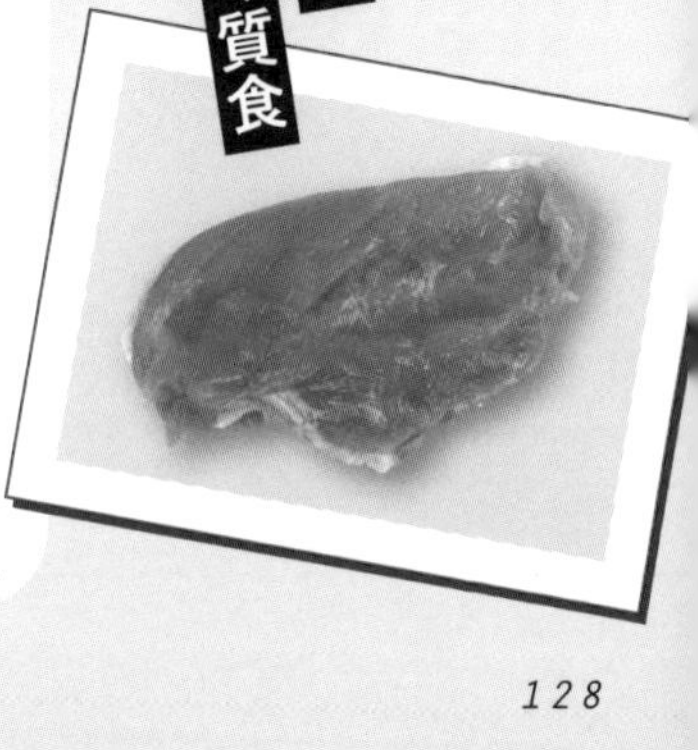

受験期に入ると、運動量が減ってしまうぶん、「太ってしまった」あるいは「太りたくない」と悩む子も多くなります。

心身と脳の健康のためには「しっかり食べなさい」といいたいところ。でも、思春期は自分の見た目に関心が向きやすい時期ですから、無理強いは禁物ですね。

そこでおすすめしたいのが、鶏の胸肉。ダイエットしたい子にも、ふだんの食事や間食にも、どんどん活用していきたい食材です。

鶏の胸肉（皮なし）は、**低糖質、低脂質であり、ダイエットに最適**な食材である一方、たんぱく質が豊富です。しかも、ビタミンB_6とナイアシンも含みます。これらのビタミンは、たんぱく質からセロトニンやドーパミン、ＧＡＢＡを合成する際に必要な栄養素です。

さらに、**脳の疲労回復によいイミダゾールペプチド**（イミダペプチド）が多いのも鶏胸肉の特徴。毎日、200㎎のイミダペプチドをとることが、脳疲労の改善に効果的とされています。その量は**一口大の鶏胸肉を約4切れ程度**（約100g）で摂取できます。

ここでは、**簡単につくれておいしいサラダチキン**のレシピを紹介しましょう。鶏胸肉1枚分のサラダチキンをつくる分量でお伝えします。

まず、鶏胸肉の表と裏にフォークで穴を開けます。それをジッパーつき保存袋（加熱可能なもの）に入れ、醤油麹（大さじ2。174ページ参照）とおろしニンニクとおろしショウガ（各小さじ1）を加え、袋の上からもみ込み、冷蔵庫で1日寝かせます。

その後、沸騰したたっぷりのお湯に、保存袋ごと入れてフタをしたら火を止め、冷めるまで置きます。ジューシーでしっとりと柔らかく、とてもおいしく仕上がります。

イミダペプチドは熱に強く、加熱しても大丈夫。ただし、水溶性という性質を持ちます。水に溶け出しやすいため、汁はスープなどに使うとよいでしょう。

ベスト 5位

鮭

強力な「抗酸化力」で脳細胞を守る!

朝食のお役立ち食材といえば「鮭」。焼くだけで立派なメインになります。夕食には、ムニエルやホイル焼きにしてもおいしく、使い勝手のいい魚です。

ではなぜ、鮭はあのような色をしているのか、ご存じですか?

鮭は白身魚です。それにもかかわらず、オレンジ色をしているのは、**アスタキサンチン**というポリフェノールのせいです。ポリフェノールには抗糖化作用があります。

アスタキサンチンは、もともとはエサとなるオキアミの色味の成分。その成分を体に蓄積させることで、鮭は白身でありながら、オレンジ色になっているわけです。

それではどうして、鮭はアスタキサンチンを自身の体に蓄積させるのでしょうか?

答えは、**強力な抗酸化作用がある**ため、といわれています。鮭は、川を遡上《そじょう》して産卵しますが、川の流れに逆らって泳ぐというのは大変なこと。過度な運動をすると、生物の体内では、活性酸素という酸化力の非常に強い物質が発生します。その害を抑えるために、鮭はアスタキサンチンを体に蓄積すると考えられています。

さらに、卵がオレンジ色なのは、鮭が自身のアスタキサンチンを卵に与えるから。卵は川の浅瀬に産み落とされ、日光の刺激にさらされます。紫外線も、生物の体内で活性酸素が発生する原因。つまり、**イクラがきれいなオレンジ色をしているのは、紫外線の害から身を守るアスタキサンチンのため**なのです。

そんな素晴らしい成分を、鮭を食べることで、私たちは得ることができます。

現代人の体内では活性酸素が発生しやすくなっています。それは子どもも同じ。過度のストレス、化学合成された食品添加物、激しい運動、紫外線、病気などは、発生の原因になります。ただ現実的に、これらすべてを排除するのは難しいことです。

それならば、**抗酸化物質を積極的にとり、活性酸素の害から体を守ること**です。

とくに受験生は、ストレスの多い生活のなかで、活性酸素を発生させやすい状況にあります。脳細胞を酸化から守るには、アスタキサンチンのような強力な抗酸化物質を毎日摂取していくことが重要なのです。

豚肉・牛肉・
大豆が一度に
とれる

大豆と挽き肉のチリコンカン

材料 4人分

大豆水煮 …………… 50g
合挽き肉 …………… 240g
オリーブオイル …… 大さじ1
ニンニク(みじん切り) - 1かけ
糖質ゼロ酒 ……… 大さじ2
トマト(ざく切り) ……… 1個分
トマトペースト※
…………… 1パック(18g)
塩、コショウ ……… 各少々
チリパウダー …… 大さじ1
水 ………………… 800ml
オレガノ ………………… 適量

1 鍋にオリーブオイルをひき、ニンニクを入れて弱火で加熱する。

2 ニンニクの香りが立ってきたら合挽き肉を加え、肉の色が変わるまで炒め、余分な脂はキッチンペーパーで拭きとる。糖質ゼロ酒を加え、フタをしてアルコール分を飛ばす。

3 トマト、大豆水煮、トマトペースト、塩、コショウ、チリパウダーを加えて炒め、水を加える。煮立ってきたらオレガノを入れ、アクを取りながら、とろみが出てくるまで煮詰めたら完成。保存の目安は、冷蔵で4～5日。

※カゴメ(株)の「トマトペースト ミニパック」(6倍濃縮)

トースターで簡単！
たんぱく質が
たっぷり

薄揚げピザ

材料 8個分

チリコンカン……… 4人分
薄揚げ……………… 4枚
ピーマン…………… 1個
チーズ……………… 50g
塩、コショウ……… 少々
トマトペースト…… 適量

1 薄揚げは半分に切り、開く。

2 開いた薄揚げにチリコンカンを薄く詰め、上にトマトペーストを塗る。

3 ピーマンを輪切りにし、種子を除く。2の薄揚げの上にピーマンとチーズをのせる。

4 天板にアルミホイル※を敷いてその上に3をのせ、トースターを180℃に設定して、10～12分焼く（天板がなければアルミホイルを二重にする）。

※アルミホイルはチーズが溶けるとくっついてしまうので、食材がくっつかないタイプを使うと便利。

自家製
チキンナゲット

材料 約40個

鶏ミンチ …………… 400g
おからパウダー … 大さじ5
マヨネーズ ……… 大さじ1
パルメザンチーズ
………………… 大さじ2
ガーリックパウダー
…………… 小さじ 1/2
塩、コショウ ………… 少々
ココナッツオイル … 大さじ1

1. 鶏ミンチ、マヨネーズ、パルメザンチーズ、ガーリックパウダー、塩、コショウをジッパーつき保存袋に入れてよくもむ。
2. ナゲットの形をつくり、おからパウダーをまぶす。
3. フライパンにココナッツオイルをひいて加熱し、溶けた状態のところで2を揚げ焼きする。

※多めにつくって冷凍保存すれば、朝食やお弁当にも活用できて便利。冷凍のままトースターで焼けばOK。

4章

メンタルを安定させる！おすすめ食材

どんな脂質をとるかで「メンタルの強さ」も変わる

受験が近づいてくると、子どものメンタルはだんだん不安定になっていきます。イライラして怒りっぽくなることもあるでしょう。模試の結果に深く落ち込んでしまうこともあると思います。

子どもにしてみれば、人生をかけて勉強しているのですから、不安になるのは当然。ただ、いかにすばやく切り替えて前を向けるのか——ここが重要です。

メンタルの不安定さも、ポジティブさも、感情をつくり出しているのは、脳です。

では、脳は何からできているのでしょうか？　私たちの**脳は水分を除くと、半分以上が脂質**です。もちろん、脂質は自分が食べたものからできています。

「物事をポジティブに考えられる脳をつくってあげたい」——。

その思いは、毎日の食事づくりで実現できるのです。

本章では、**「脳にいい脂質&栄養素」**という観点からおすすめの食材ベスト5を紹介します。

なお、脳の健康を考えたら、**できるだけ摂取を控えたい脂質**があります。

それは、「トランス脂肪酸」です。脳の神経細胞は、DHAやEPAなどのオメガ3系脂肪酸が20％以上含まれることで情報を正しく伝達できる、とされています。

ところが、オメガ3系脂肪酸が不足してしまうと、かわりにトランス脂肪酸が脳内で使われます。こうなると脳の働きが低下する危険性が出てきます。それはつまり、思考力が落ち、物事をマイナスにとらえやすくなる、ということです。

トランス脂肪酸には、天然のものと加工によってできるものがあります。問題なのは、加工によってできるトランス脂肪酸。植物性の油に水素を添加すると、固形の油ができます。そこにトランス脂肪酸は多く含まれます。

具体的には、マーガリンやショートニングなどです。これらを使ってつくられたパンやケーキ、クッキー、スナック菓子、レトルト食品、ファーストフードのポテトフライやフライドチキンなどの揚げものも、トランス脂肪酸が多くなります。

脳を活性化させるには「青魚の刺身」がいちばん！

受験メシでは、魚の摂取量を増やしていきましょう。

魚には、「DHA（ドコサヘキサエン酸）」「EPA（エイコサペンタエン酸）」などオメガ3系の脂肪酸が豊富に含まれます。

米国神経学会（AAN）は、「中年期にオメガ3系を含む食品を多くとっている人は、ほとんど食べていない人に比べ、思考力が優れ、脳も健康の傾向がある」という研究を発表しています。

また、**DHAとEPAは、認知力を高める**可能性があるとも報告しています。認知力とは、記憶や論理的思考、注意、問題解決、読み書き、学習などを行なう脳の能力のこと。一言でいえば、**受験勉強に必要なあらゆる脳の働き**のことです。

DHAやEPAは青背の魚に豊富です。主には、「カツオ、マグロ、サバ、ハマチ、ブリ、サンマ、イワシ、鮭」などです。

これらの魚には、**認知機能を高める油がたっぷり含まれている**ということです。

ただし、とくに食物連鎖の上位に位置するマグロの摂取頻度には注意が必要。マグロは栄養価が非常に高い魚ですが、水銀を多く含んでいることが問題です。水銀は生体内に蓄積しやすく、大型の回遊魚であるマグロは、小魚が持つ水銀をそのままとり込んでいます。水銀は脳神経や脳血管に悪影響を及ぼすことが知られています。

したがって、マグロの摂取は週に1回程度にとどめることが推奨されます。

もう1つ、注意点があります。オメガ3系は加熱すると劣化しやすいことです。

ですから、脳の健康を考えると、**魚は刺身で食べるのがいちばん！**

とはいえ、毎日刺身を食べるというのも、現実的ではありませんね。

魚を加熱すると、オメガ3系が2割ほど失われると見られています。そのことを考慮し、「焼く、蒸す、煮る」など、調理法を工夫して毎日食べるのがベスト。なお、ホイル焼きにして汁までとると、オメガ3系を効率よく摂取できるでしょう。

3位
卵

受験生に
必要な栄養素が
丸ごととれる！

完全栄養食――
「ゆで卵」は最高のおやつ！

4位
ナッツ

良質な脂質で
脳を癒してくれる！

受験生の脳と心を
支えてくれる心強い味方。

5位
バター＆チーズ

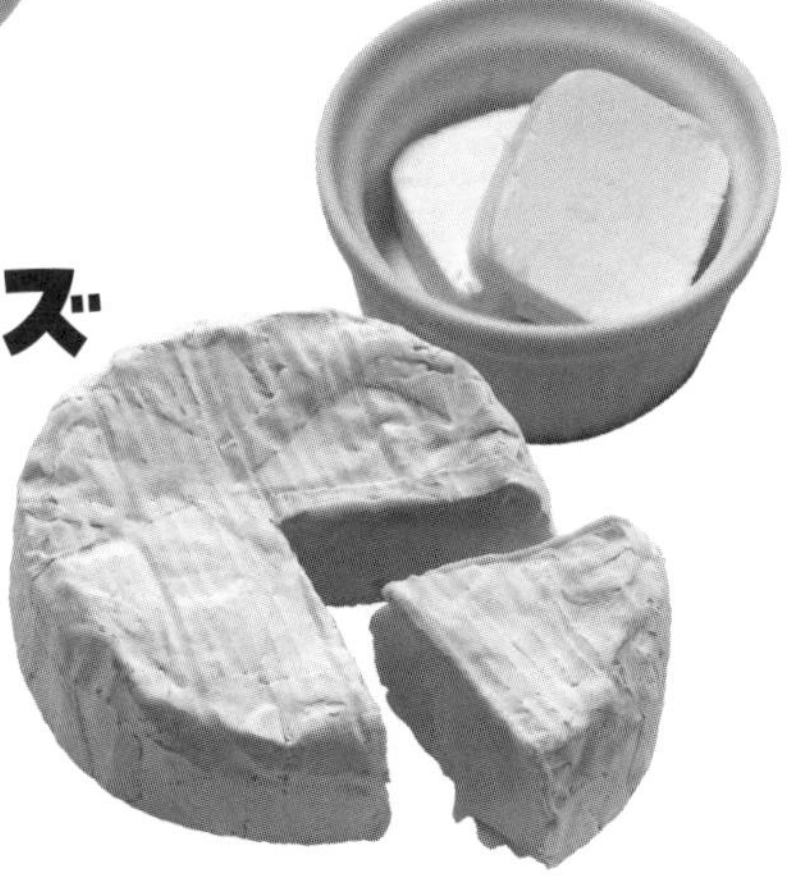

脳にエネルギーを
即効チャージ！

「脳・腸・心」にやさしい
エネルギー源！

メンタルを安定させる食材ベスト5

脳とメンタルの健康には「良質な脂質をとる」ことが重要です。ここでは、ポジティブなメンタルをつくるうえで有効な食材ベスト5を紹介します。

1位 カツオ

心が前向きになって、グッスリ眠れる！

脳とメンタルに効く
栄養がたっぷり！

2位 アボカド

勉強するのが楽しくなる！

「やる気ホルモン」の
材料になる濃厚な果実。

ベスト1位

カツオ

心が前向きになって、グッスリ眠れる！

魚介類は、ＤＨＡとＥＰＡというオメガ３系脂肪酸が豊富です。

ＤＨＡは、脳のなかで、脳神経を活性化し、記憶力の向上などに働きます。

一方、ＥＰＡは、脳血液関門という、脳への入り口を通過できません。ですが、血液をサラサラにする効果が高く、脳へ送られる血流量を増やします。それによって、脳へ届けられる酸素や栄養素の量を多くし、脳の働きを活性化していきます。

実際、**ＤＨＡとＥＰＡの摂取量が多い人ほど、思考力に優れている**ともいわれます。

そんな重要な脂質が、青背の魚には豊富です。

とくに、カツオにはＤＨＡとＥＰＡがたっぷり含まれています。

ただ、ＤＨＡやＥＰＡは熱に弱く、加熱調理すると量が減ってしまいます。ですから、**カツオは刺身がいちばん。**カツオのたたきも、あぶっているのは表面だけですから、DHAとEPAをしっかり摂取できます。

なお、カツオなど青背の魚を刺身で食べるときに注意したいのは、アニサキスという寄生虫による食中毒です。アニサキスは、加熱するかマイナス20度以下で24時間以上冷凍すると死滅します。気になる人は、刺身を柵で買ってきたら1日凍らせるといいでしょう。凍ったまま包丁を入れるときれいに切れますし、解凍もしやすく、寄生虫の心配もなくなります。

青背の魚のなかでカツオを本章のナンバーワンに挙げた理由はもう1つあります。それは、必須アミノ酸であるトリプトファンの含有量が多いことです。

前述したように、トリプトファンは幸せホルモンと呼ばれるセロトニンの材料となる必須アミノ酸です。セロトニンが多く分泌されると、**幸せな気分を感じやすく、メンタルの安定**にもつながります。さらに、セロトニンは睡眠ホルモンであるメラトニンの材料ともなります。学んだことの**記憶は、睡眠中に定着**します。セロトニンからメラトニンがつくられる際にはマグネシウムと鉄が必要で、カツオにはこのマグネシウムと鉄も含まれています。よって、カツオは熟睡にも役立つ食材なのです。

ベスト2位

アボカド

勉強するのが楽しくなる！

「森のバター」とも呼ばれるアボカドは、果実でありながら、約20％が脂質です。あの濃厚な味わいは、豊かな脂質によるものです。

血糖コントロールを実践するには、糖質の摂取量を減らす必要があります。そのぶん、脂質とたんぱく質を多くとって、エネルギー源としていくことが大切です。

アボカドは、脂質が豊富である反面、**果実のなかでもとくに、100g中の糖質量が0・9gと少ない**性質を持ちます。血糖コントロールを行なっていても、安心して食べることのできる食材の1つです。

ちなみに、アボカドの脂質は、大半がオメガ9系脂肪酸のオレイン酸です。オレイン酸は必須脂肪酸ではなく、体内でつくることのできる栄養素。そのため、「DHA

やEPAなどのオメガ3系脂肪酸」と「植物油に多いオメガ6系脂肪酸」という必須脂肪酸のバランスを崩す心配がありません（75ページ参照）。この点も安心の食材です。

そのうえで注目したいのが、アボカドに豊富な**チロシン**です。チロシンは非必須アミノ酸の一種で、必須アミノ酸のフェニルアラニンから合成されます。

フェニルアラニンは、やる気ホルモンのドーパミンのもとになる必須アミノ酸。「フェニルアラニン　→　チロシン　→　ドーパ　→　ドーパミン」という順番で合成が進んでいきます。つまり、チロシンもドーパミンの材料になるのです。

子どもは、親御さんや先生から褒められたときや、よい成績がとれたとき、何かに成功したときに、**強い快感**や**幸福感**を得ます。これこそがドーパミンの働きです。「うれしい」「楽しい」「ワクワクする」と感じることをくり返したくなるのは、ドーパミンが放出されて快楽を感じるから。脳はその快楽を強烈に覚えているのです。

ただ、いくら子どもを褒めても、ドーパミンを分泌できなければ意味がありません。アボカドなど**ドーパミンの材料になるものを食べさせ、一方で褒めてあげる**。

その両輪があってこそ、子どもは意欲的に勉強と向きあっていけるのです。

ベスト3位

卵

受験生に必要な
栄養素が
丸ごととれる!

卵は「**完全栄養食**」と呼ばれています。

理由は、卵1個には、人が健康を保つために必要な栄養素のほとんどが含まれているから。受験生にとらせたいビタミンやミネラルのうち、ビタミンCと食物繊維以外のあらゆる栄養素を含んでいるのが卵です。

具体的には、幸せホルモンのセロトニン、睡眠ホルモンのメラトニン、やる気ホルモンのドーパミン、リラックスホルモンのGABAを分泌するための材料すべてが、卵には含まれています。しかも、アミノ酸スコアは100点満点。

一方で、コレステロールも多く含まれます。コレステロールも脳の重要な構成成分であることは前述したとおりです。

ではなぜ、コレステロールはあんなにも敵視されてしまうのでしょうか？

答えは、動脈硬化症の原因物質とされてきたからです。コレステロールなどの脂質は活性酸素によって酸化すると、過酸化脂質という毒性の強い物質に変化します。

しかし、もとをたどれば、動脈硬化をつくっている原因物質は、脂質を悪玉物質に変化させる活性酸素です。それならば、重要なのは、脳の材料になるコレステロールの摂取量を減らすことよりも、活性酸素の害を排除できる抗酸化物質をとること。

卵には、ビタミンAやビタミンEなど、強力な抗酸化物質も含まれています。

受験メシでは一汁三菜で献立を考えることを基本としています。それだけで栄養バランスは整いやすくなりますが、何かの栄養素が不足することはどうしても起こってきます。ですが、そこに卵を1個添えれば、栄養バランスはさらによくなります。

受験生にとって、ゆで卵は最高のおやつ。「小腹が空いたな」と感じたときにパッと食べられるよう、冷蔵庫にストックしておくといいでしょう。

醤油麹に漬けておくと、旨味が増すうえ腸活にもよく、日持ちもします。アレルギーとコレステロール値に問題がなければ、卵は1日2～3個食べても大丈夫です。

ベスト4位

ナッツ

良質な脂質で脳を癒してくれる！

食事と同じくらい、「間食に何をとるか」が重要です。

なぜなら、間食で糖質の多いものをとってしまうと、血糖値スパイクが起こってしまうからです。すると集中力を失い、メンタルが不安定になりやすいのです。

そこで、間食におすすめしたいのが、サラダチキンや卵。そしてナッツです。

理由は第1に、**糖質の量が少ない**こと。

第2に、**良質な脂質が豊富**であること。実際、ナッツの50～70％は脂質です。受験生の脳を支える、とてもよいエネルギー源になってくれるのです。

そして第3の理由は、**たんぱく質がたっぷり含まれている**こと。そのたんぱく質量は、肉や魚と同程度という豊富さです。

ナッツはほとんどがビタミン、ミネラル、ポリフェノールが豊富で、すべておすすめです。そのなかでも、とくに受験生によいと思うナッツを3つ紹介します。

1、クルミ

オメガ3系脂肪酸であるα-リノレン酸が豊富。α-リノレン酸は体内の炎症を抑えつつ、一部はDHAになって脳の働きを支えます。脳の働きを活性化させ、メンタルを安定させるうえで役立つナッツです。

2、マカダミアナッツ

糖質をエネルギーにかえるサポートをするビタミンB_1が豊富。疲労回復にも欠かせないビタミンです。また、ナイアシン、マグネシウム、鉄も含まれます。これらは、勉強に大事な脳内ホルモンの合成に必要な栄養素です。

3、アーモンド

強力な抗酸化作用を持つビタミンEを豊富に含みます。その働きは、脳細胞の健康に重要です。食物繊維の量も多く、腸活にも役立ちます。さらに、マグネシウムも豊富。マグネシウムは快便のためにも大事なミネラルで、便秘を予防してくれます。

（注）ナッツアレルギーの方は食べてはいけません。また、カビには注意が必要。消費期限を確認し、湿気がないよう保管に気をつけましょう。

＼ベスト／ 5位

バター＆チーズ

脳にエネルギーを即効チャージ！

子どもが大好きなバターやチーズ。じつはこの2つは、血糖コントロールを実践して、糖質の摂取量を控えているときほど、積極的にとりたい食材です。

なぜなら、**バターとチーズは、効率のいいエネルギー源**になるからです。

ちなみに、マーガリンは、トランス脂肪酸が多いため、おすすめしません。

前述したように、脂肪酸は、炭素が鎖のように連なった形をしていて、その長さから長鎖、中鎖、短鎖に分けられます。多くの植物油に含まれるのは長鎖脂肪酸ですが、バターやチーズに豊富なのは、中鎖脂肪酸と短鎖脂肪酸。

とくに中鎖脂肪酸は、すみやかに肝臓に運ばれ、**ケトン体に合成されます。ケトン体はミトコンドリアを活性化**し、エネルギー源になります。とくに脳細胞はミトコン

ドリアの数が多いのが特徴。ミトコンドリアはケトン体をエネルギー源にしていると
き、より活性化します。

一方、短鎖脂肪酸は腸内環境を整えるとともに、大腸のエネルギー源になります。
バターやチーズは腸活にも役立つのです。
しかも、ゴーダチーズやチェダーチーズなどのナチュラルチーズは、同志社大学の
八木雅之先生たちの研究により、抗糖化作用が高いことがわかっています。
料理教室をしていると、「子どもがあまり野菜を食べてくれない」というお母さん
方の悩みをよく聞きます。そんなときにはバターとチーズを活用しましょう。

たとえば、電子レンジでブロッコリーやカリフラワー、ズッキーニ、ニンジンなど
を使って温野菜をつくったら、そこにバターを1片のせ、塩コショウとからめれば、
子どもが大好きなバター味になります。

休日の夕食には、家族でチーズフォンデュを囲んではいかがでしょう。溶けるチー
ズ、無調整豆乳、塩コショウを小鍋に入れて、ゆっくりと加熱していき、とろりとし
たら器に移せば、チーズの準備はOK。そこに、野菜をたっぷり添えましょう。

ふだんは食べたがらない野菜も、おいしいと食べてくれるはずです。

幸せホルモン「セロトニン」を増やす

カツオの大根おろし和え

材料 4人分

カツオ（刺身用・たたきでも可）…………1柵（約 300 g）
大根 …… 1/ 4本（約 300g）
青じそ ………………… 4枚
おろしニンニク … 小さじ 2
おろしショウガ …. 小さじ1
ゴマ油 ………… 大さじ 2
醤油 ……………… 適量

1 大根はすりおろして、軽く絞る。青じそは粗みじん切りにする。ボウルに大根おろしと青じそ、おろしニンニク、おろしショウガ、ゴマ油を加えて混ぜる。

2 カツオを3cm角に切り、1に入れて軽く混ぜる。器に盛りつけ、醤油をかければ完成。

彩り鮮やかで
食欲増進

半熟卵と野菜のココット

材料 4人分

卵……………………4個
プチトマト…………16個
アボカド……………1個
赤パプリカ…………40g
オクラ………………4本
ピザチーズ…………適量
粉チーズ……………適量

1 プチトマトは半分に切る。アボカド、赤パプリカは5㎜角に切る。オクラはさっとゆで、小口切りにする。

2 4つの耐熱容器にピザチーズと、1の1/8ずつの量を入れる。それぞれに卵を割り入れ、フォークを卵黄に刺して、小さな穴を開ける。

3 それぞれの卵黄の周りに残りの1をのせ、粉チーズをふり、電子レンジに入れて2～3分加熱する。

小麦粉を
使わない
濃厚パン！

JUKEN MESHI RECIPE

卵チーズパン

材料 12個分

卵 ………………… 4個
クリームチーズ …… 100g

1 卵とクリームチーズをジッパーつき保存袋に入れて袋ごと手でもみ、混ぜる。

2 1をマフィン型(6個分) 2シートに均一に分け入れる。
（フッ素加工のものではない場合はバターを塗ってから）

3 オーブンを200度に設定し、20分焼く。

※卵チーズパンは冷凍保存OK。冷凍保存した場合、トースターで焼いて温めてください。

5章

「受験の大敵」感染症を防ぐ！おすすめ食材

免疫力アップのカギは「体温」と「腸内細菌」

風邪や食中毒などの感染症は、受験生にも家族にも大問題。

しかも、受験が行なわれる冬は、風邪が流行しやすい季節。いかに風邪を防ぐかは、親御さんの大きな気がかりとなってくるでしょう。

感染症予防に重要なのが「**免疫力**」です。免疫とは、病気を防いだり、治そうとしたりする働きのこと。簡単にいえば、人が健康に生きていくためのシステムです。

では、どうすると免疫力を高められるでしょうか？

1つめは、**体温を高めに保つ**こと。免疫細胞は、体温が高いときに働きを活性化させ、低くなると不活性化します。

2つめは、**腸内環境を整える**こと。免疫力の約7割は腸でつくられているとされます。腸は、人体で最大の免疫器官です。腸の働きが活性化すれば、免疫力も高まります。そのためには、私たちの腸にすむ「腸内細菌」の役割が何よりも重要となります。

3つめは、**メンタルを整える**こと。免疫力の3割は心でつくられる、といわれています。過剰なストレスや睡眠不足は、免疫力を低下させる原因。とはいえ、ストレスの改善や睡眠時間の確保は、受験生にはだんだん難しくなっていくでしょう。

だからこそ、体を温め、腸内細菌の働きをよくすることが大事になってきます。

そこで、「**免疫力の向上に役立つ食材**」をランキング形式で5つ紹介します。

なお、腸の働きを活性化することは、脳活にもなります。「**脳腸相関**《のうちょうそうかん》」というように、脳と腸は情報を交換し、影響しあう関係にあります。この脳腸相関において、重要な役割を果たしているのも、じつは、腸内細菌であることがわかっています。

腸内細菌を持たない、無菌状態で育てられたマウスは、腸内細菌を持つ通常のマウスに比べ、ストレスに過敏であり、さらに脳の神経系の成長を促す因子が極めて少ないことが研究によって明らかにされています。また、無菌マウスに腸内細菌を移植すると、不安行動や多動が正常化するとも報告されています。つまり、脳の発達と成長、ストレスへの適応力においても、腸内細菌が関与していると考えられるのです。

受験メシ流「免疫力が高まる調味料」の選び方

免疫力をアップさせるには、抗酸化作用が高い物質をとることも大切です。

私たちの体内では、細胞を劣化させる活性酸素がつねに発生しています。その活性酸素は免疫細胞も劣化させ、免疫力を低下させます。ですから、免疫力を高めるには、活性酸素の害を排除できる**抗酸化物質を日常的にとることが重要**です。

抗酸化物質は、植物性食品に多く含まれます。植物性食品の苦味、渋味、辛味、酸味、えぐ味、色味などの成分。これらが強い食品には、免疫力の向上を期待できる抗酸化物質が豊富です。

抗酸化物質はスパイスなどの調味料にも豊富。そこで、**免疫力の向上に役立つ調味料**を紹介します。日常的に活用し、風邪対策をしていきましょう。

〈カレーパウダー〉調理の最後に肉や野菜炒めにふりかけると、食欲をそそる味になるうえ、鉄やクルクミンなどの栄養素も摂取でき、栄養価が上がります。
〈ガーリックパウダー〉調理の最後にかけてもいいし、肉や魚などを加熱する前に塩と一緒にまぶしても美味。
〈山椒〉肉、魚、豆腐などのたんぱく質料理にかけると、味がしまっておいしい。
〈五香粉〉中国の代表的なミックススパイス。野菜炒めなどに使うと味がいっきに中華風になります。
〈豆板醤〉ピリ辛の味噌ベースの中華料理の調味料。糖質が抑えられているので、安心して使えます。豆腐やサラダチキンにちょっぴりのせてもおいしい。

また、たんぱく質や脂質、ミネラルは、免疫細胞の材料になる栄養素です。これらを手軽にプラスする方法として、もっとカツオ節やゴマを活用しましょう。**カツオ節やゴマはお手頃価格ながら、受験メシには最良の食材**です。お浸し、サラダ、炒めもの、豆腐など何にでもかけて、毎日スプーン1杯ほどとることをおすすめします。

3位 キノコ

免疫細胞の働きを活性化してくれる！

いろいろな種類の
キノコを食べると、
さまざまな恩恵が！

4位 キャベツ

たっぷりのビタミンCで、風邪と胃痛予防を！

葉を4枚食べるだけで、
1日に必要なビタミンCがとれる！

5位 大根おろし

胃をやさしく守り、免疫をサポート！

熱に弱いので、
「食べる直前におろす」のが
ポイント！

「受験の大敵」感染症を防ぐ食材ベスト5

風邪など感染症の予防に重要なのが「免疫力」です。ここでは、「免疫力の向上に役立つ食材」をランキング形式で5つ紹介します。

1位 ショウガ

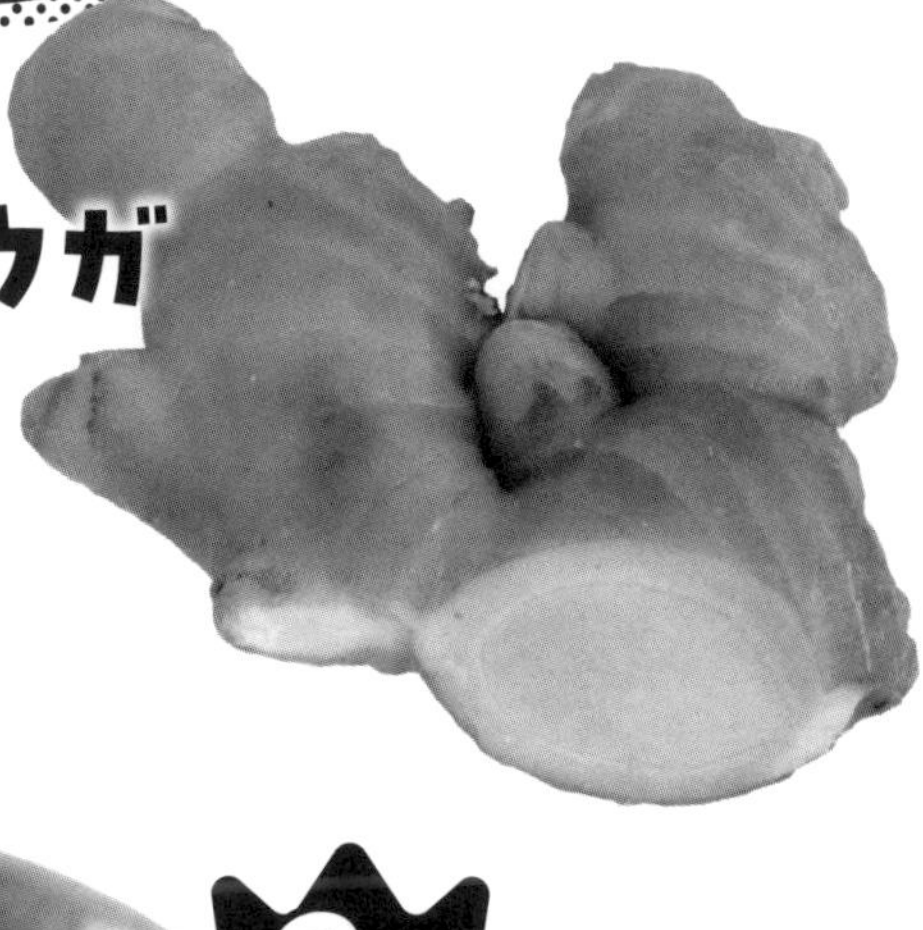

体の芯から
ぽかぽか温める

加熱したショウガを
毎日食べると、
免疫細胞が活性化！

2位 納豆

腸活にもメンタルケア
にも最高！

食べれば食べるほど
免疫力がアップする
スーパー食材！

ベスト1位

ショウガ

体の芯から
ぽかぽか温める

免疫力アップのため、毎日の料理にどんどん使いたいのが、ショウガです。
ショウガには**強力な殺菌作用**があります。その殺菌作用をつくり出しているのが、ジンゲオールという成分。ショウガの辛味と香りの成分です。
この殺菌作用を期待して、食べ継がれてきたのが、ショウガの甘酢漬けであるガリです。握り寿司が生まれたのは江戸時代後期。当時は、手づかみで食べるのが当たり前で、おしぼりはありませんでした。でも、シャリが指につかないよう湿らせたい。そこで、江戸っ子たちはガリで指を湿らせながら、寿司を食べていたそうです。同時に、ガリで指を殺菌し、また、ガリを食べることでも食中毒を予防していたのです。
なお、ジンゲオールは加熱すると、ショウガオールという成分に変わります。

ショウガオールには、体を芯から温め、血行をよくする作用があります。

免疫力の向上には、体を温めることが不可欠。免疫細胞は体温が高くなるほど活発に働きます。具体的には、**36・5度より1度上がると免疫力が5〜6倍も上がり、1度下がると30％落ちる**ともいわれています。毎日、加熱したショウガを食べることは、免疫細胞の働きを活性化することにも役立ちます。

しかも、腸の働きは、体温が高いほうが活発になり、下がると停滞します。ショウガは腸活にも最適な食材。毎日の料理に使って体と腸を温めていきましょう。

なお、**風邪予防に常備しておくとよいのがショウガシロップ**です。1日スプーン1杯とっておくと、免疫力の向上に役立つでしょう。

つくり方は簡単。ショウガ（100g）は薄くスライスし、レモン汁（大さじ1）と血糖値を上げにくい甘味料でつくったシロップ（100g）を一緒に保存容器に入れ、冷蔵保存すれば完成。翌日にはおいしいショウガシロップができあがっています。

お湯や炭酸水で割ったり、紅茶やハーブティに入れたりして、冬は毎日飲むのがおすすめ。ヨーグルトにかけるとジンジャーテイストになり、とてもおいしいです。

ベスト2位

納豆

腸活にもメンタルケアにも最高！

免疫力の向上には、腸内環境を整える「**腸活**」が不可欠です。

そこでおすすめなのが、納豆です。納豆は、日本古来の発酵食品。そこには腸内細菌の仲間が数多くすんでいます。

私たちの腸には腸内細菌がいます。その数、諸説ありますが、1000種類、100兆個とも。多種多様な細菌たちが互いに勢力争いをし、あるいはエネルギーを交換しながら、複雑な腸内環境を築き上げています。

腸内細菌は、人体によい働きをする善玉菌、数が多くなりすぎると健康を害する働きをする悪玉菌、そして善玉菌と悪玉菌のうち、優勢なほうに味方をする日和見菌に、便宜上分けられています。

納豆などの発酵食品が腸活にいいのは、**善玉菌によってつくられている**から。それを食べることで腸内の善玉菌の働きが活性化し、腸内環境が整います。しかも、善玉菌には免疫細胞を刺激する細菌もいます。発酵食品を毎日食べることが免疫力アップにつながるのは、腸内環境が整ううえ、免疫細胞を元気にできるためなのです。

さらに、腸内環境を整えるには、腸内細菌の大好きなエサを与えることが大事。腸内細菌は、水溶性の食物繊維をエサに数を増やします。また、**水溶性の食物繊維には、血糖値の急上昇を抑える作用**があり、血糖コントロールの実践にも最適。この水溶性の食物繊維が、納豆は豊富なのです。

しかも、大豆を発酵させてつくる納豆には、ビタミンKもたっぷり。ビタミンKは、丈夫な骨をつくるうえで欠かせない栄養素です。

そしてもう1点、受験生に毎日でも納豆を食べてほしい理由があります。納豆のネバネバの正体であるグルタミン酸は、**リラックスホルモンのGABAの材料**になるアミノ酸です。

ただし、付属のたれはなるべく使わないこと。糖化のスピードが速い性質を持つ異性化糖（果糖ブドウ糖液糖）が含まれることが多いからです。

ベスト3位

キノコ

免疫細胞の働きを活性化してくれる！

キノコも腸活に最適な食材です。キノコには水溶性の食物繊維のほかに、不溶性の食物繊維もたっぷり含まれています。

不溶性の食物繊維には、不要物をからめとりながら**腸内を掃除する働き**があります。不溶性の食物繊維をしっかりとっていると、腸のなかがきれいになり、腸内細菌が働きやすい環境が整います。

しかも、キノコの細胞壁には、β-グルカンという強力な抗酸化物質があります。その強い抗酸化力で、活性酸素の害から腸の細胞や腸内細菌を守ってくれるのです。

さらに、β-グルカンには「免疫賦《ふ》活《かつ》作用」という特性があります。マクロファージやT細胞など、免疫の主体となる**免疫細胞の働きを活性化してくれる**のです。

β-グルカンは、シイタケ、マイタケ、ハナビラダケ、シメジ、ヒラタケ、エリンギなどに多く含まれます。この栄養素は水溶性であり、水に溶け出しやすい性質を持ちます。**味噌汁や鍋にキノコを入れたら、汁まで飲む**ことも大切なポイントです。

なお、キノコは、種類ごとに特有の健康作用を持っています。

たとえば、シイタケやマイタケは免疫機能を調整する働きを持つビタミンDが豊富です。エノキタケはリラックスホルモンでもあるＧＡＢＡを含みます。ナメコのぬめりの正体は、腸内細菌のエサとなる水溶性の食物繊維です。シメジには日本人が不足しがちな必須アミノ酸であるリジンが豊富に含まれています。リジンは、たんぱく質の吸収を促し、疲労回復や肝機能を高める働きを持ちます。

こうしたキノコの栄養価を、さらに高める方法があります。**冷凍させる**ことです。冷凍するとグルタミン酸が増加します。グルタミン酸はＧＡＢＡの材料です。

工場でつくられたキノコは、洗う必要はありません。石づきを切り落としたら、ジッパーつき保存袋に入れて冷凍保存し、調理の際には凍ったまま加えればＯＫ。冷凍保存で1カ月は持ちます。なお、シイタケとマイタケのビタミンDは、30分以上、天日干しにすると量を増やせます。

ベスト 4位

キャベツ

たっぷりのビタミンCで、風邪と胃痛予防を！

免疫力を高めるために欠かせない栄養素に、ビタミンCがあります。**ビタミンCは、免疫細胞が風邪のウイルスを撃退することをサポート**します。「風邪予防にはビタミンC」といわれるのはこのためです。

ビタミンCは、キャベツに豊富です。**葉4枚で1日の必要量を摂取**できます。ちなみに、ビタミンCがとくに多いのは、芯の周り。「かたいから」と捨ててしまってはもったいない。薄くスライスしてから千切りにすればおいしくいただけます。

また、キャベツは食物繊維もたっぷり。その多くは不溶性のタイプ。腸のなかをきれいに掃除し、便通をよくして、腸内環境を整えてくれます。

さらに、ビタミンUという栄養素も含まれます。ビタミンUはキャベツ特有のもので、別名は「キャベジン」。ビタミンUには、傷ついてしまった胃や十二指腸の粘膜を修復する働きがあります。受験が近づいてくると、ストレスから胃が痛いということも起こってくるでしょう。**毎日キャベツを食べておくと、胃痛予防にもなります。**

ビタミンCとUは水溶性。千切りなどで生食をすると効率的に摂取できます。

千切りには、**ピーラーを使うのがおすすめ。**１００円均一のお店などにも売っていますが、大きめのピーラーがあると便利です。縦半分に切ったキャベツの断面にピーラーを当て、上から下に削るだけ。そのあとでサッと水にさらすと、パリッと食感がよくなって、さらにおいしい千切りキャベツになります。

「千切りは面倒」という場合には、細切りでもＯＫ。この場合、キャベツをサッと湯通しするとやわらかくなり、子どもが喜ぶ食べやすさになります。

水やお湯に通すポイントは「**サッと**」。短時間ならば、ビタミンCやUなど水溶性の栄養素が流れ出る量を抑えられます。

なお、ビタミンCは、パプリカや芽キャベツ、ブロッコリー、カボチャ、キウイ、ミカンなどにも豊富。風邪が流行している時期には、とくに意識して子どもに食べさせておきたい野菜と果物たちです。

ベスト 5位

大根おろし

胃をやさしく守り、免疫をサポート!

冬になったら、風邪予防に活用していきたいのが「大根おろし」です。

大根にも、ビタミンCがたっぷり。また、大根の辛味成分である**イソチオシアネートにも、免疫力を高める働き**があります。

しかも、大根にはジアスターゼ、カラターゼ、オキシターゼなどの**消化酵素も豊富**です。消化酵素とは、消化や吸収を促進する酵素の総称。食べたものを分解し、栄養素を小腸から吸収できる形へと変化させる大切な役割があります。消化酵素は主には消化器官から分泌されていますが、その消化酵素が大根には豊富に含まれています。

受験が差し迫り、ストレスが強くなってくると、胃の働きが滞り、胃もたれが起こりやすくなるでしょう。そんなときにも、消化酵素の豊富な大根がおすすめ。胃の働きを助け、食欲増進に役立ってくれるはずです。

ただし、ビタミンCもイソチオシアネートも消化酵素も、**熱に弱いという性質**があります。これらを効果的に摂取するには、大根おろしが最適です。

なお、大根おろしは、時間がたつと風味が落ち、ビタミンCの量も減ってしまいます。風邪予防に活かしたいならば、**食べる直前におろす**ことがポイントです。

もう1つ、大事なことがあります。生の大根は体を冷やす特性があります。ですから、大根おろしだけを食べるのではなく、**体を温める性質を持つ食材と一緒に食べる**こと。子どもの大好きなハンバーグやステーキにのせたり、焼き魚に添えたり、ゆでたキノコと醤油であえてもおいしいですね。なお、大根を生のまま千切りにしてサラダにしたり、酢漬けにしたりしても、副菜に最適な一品になります。

では、大根を煮るなどして熱を加えると、栄養的にどうでしょうか？

ビタミンCや消化酵素は失われますが、食物繊維は残ります。何より、煮込んだ大根のトロトロ感と自然な甘みは、私たちの心をほっこり癒してくれます。

とくに冬は、アツアツのおでんがおいしい季節。勉強に疲れてコンビニへ立ち寄ったら、おでんの大根を食べるとリラックス効果を得られて、とてもいいと思います。

「腸活」で
風邪予防

ニラとイカの納豆和え

材料 4人分

ニラ……………………8本
イカの刺身…………120g
ひきわり納豆……3パック
練り辛子……………適量
醤油…………………適量
うずらの卵…………4個
※練り辛子と醤油はお好みの味つけで。

1 ニラは熱湯でさっとゆで、水気を切って3㎝の長さに切る。

2 納豆は練り辛子、醤油を加えてよく混ぜ、粘りを出す。

3 1、2とイカを合わせ、1人分ずつ器に盛ったら、トッピングにうずらの卵をのせる。

心も腸も
ほっこり温めて

キノコ汁

材料 4人分

シイタケ……………4個
シメジ……………1/2個
エノキタケ…………1/2個
ナメコ……………1パック
三つ葉……………8本
出汁（できればいりこ出汁）
…………………600ml
醤油……………小さじ1
ショウガ‥少々（トッピングに）

1 シイタケは薄切り、シメジは石づきを除いて小房に分ける。エノキタケは根元を除いて長さを半分に切る。ナメコはサッと洗う。三つ葉は3㎝の長さに切る。

2 鍋に出汁を入れて火にかけ、沸騰したら三つ葉以外の1を入れる。中火で2～3分煮て、醤油で味つけする。

3 三つ葉を加えてサッと煮る。

4 3をお椀に入れ、最後に千切りにしたショウガをトッピングする。

発酵の力で
免疫力アップ

JUKEN MESHI RECIPE

醤油麹

材料

乾燥米麹…………200g
醤油……200～300ml

1 ボウルに米麹を入れ、しっとりするまでほぐす。

2 1に醤油を入れ、とろみが出るまで混ぜる。

3 熱湯消毒したビンに2を入れ、ゆるくフタをして1週間ほど常温で置いておく。1日1回かき混ぜる。

4 とろみのある醤油麹が完成したら、しっかりとフタをして冷蔵保存する。

塩麹

材料

乾燥米麹…………100g
塩…………………30g
水………………400ml

1 麹と塩を熱湯消毒したビンに入れて、軽く混ぜる。

2 水を入れて、しっかり混ぜる。

3 ゆるくフタをして1週間ほど常温で置いておく。1日1回、熱湯消毒したスプーンでかき混ぜる。

4 甘い香りがして、柔らかくなってきたら完成。冷蔵保存する。

※醤油麹と塩麹の使い方
❶肉や魚介類を一晩漬け込んでから焼く。→ 身がふっくらと軟らかくなる。
❷ドレッシングをつくる → 旨味がアップして、野菜がおいしくなる。
❸スープの味つけに使う → 旨味が効いたスープが完成。
❹ゆで卵を漬ける → 味の染み込んだおいしい味つけ卵ができる。

6章

子どもの脳と腸は「味噌汁」で活性化する

凝った料理より「味噌汁」が大切

食事づくりは毎日のことです。とくに、朝は大変です。

親御さんは朝食とお弁当を用意し、掃除と洗濯をし、そのうえ、お子さんを学校に送り出すまで気が抜けないでしょう。

そうはいっても、子どもの受験は日に日に近づいてきます。

「子どもの脳の働きに、食事が何よりも大事とはわかった。では、いったい何から始めていけばいいのか？」

そんなふうに思われている方も多いかもしれません。

じつは、毎日の食事づくりはそんなにがんばらなくてもいい、と私は思っています。

大事なことさえ押さえておけば、あとは手を抜けるところは抜きましょう。それでも、脳に必要な栄養素はしっかりと摂取していけます。

私の料理教室では、よく1時間で5~6品はつくる方法をレッスンしています。毎日の家庭料理で大切なのは、凝った料理よりも、**栄養バランスの整った食事をいかに簡単においしくつくるか**。日々の食事は、これこそが大切です。

そこで、ぜひ、行なっていきたいのが「**味噌汁の充実化**」です。

味噌汁は、どんな具材もおいしくしてくれる〝魔力〟があります。旨味たっぷりの出汁と発酵食品の味噌。ここに、旬の食材を加えれば、栄養満点の滋養食になります。

とくに、血糖コントロールを行なっているときには、味噌汁をもっと便利に使っていきましょう。糖質の摂取量を抑えているぶん、たんぱく質と脂質の量を増やすことが大事になってきますが、おかずの品数を増やすことが大変ならば、味噌汁の具として肉や卵、大豆製品、魚、貝類などを追加していくとよいのです。

そこで本章では、受験生の脳と健康を守るという観点から、味噌汁の健康作用と、どんな具がよいのかをお伝えします。いつもの味噌汁に、具材を2~3種類つけ足すだけで、家族の体調管理が簡単にできます。

子どもを出汁の旨味で癒してあげよう

味噌汁をつくる際に、まず必要なのが「出汁」です。

日本人が昔からおいしいと感じてきたバロメーターは旨味です。旨味は、甘味、酸味、塩味、苦味に続く5番目の味で、日本で100年以上前に発見されました。

ところが現在、**旨味を感じとれない人が多くなっています**。

以前、私は栄養学校の学生たちに出汁、砂糖水、塩水を飲ませて、どう感じるかという実験を行なったことがあります。すると、砂糖水と塩水の味はわかるのに、出汁を飲んで「水と同じ味がする」と答えた学生が多く見られました。

旨味がわからなければ、「和食は味気がない」といい、濃い味つけの料理を好むようになります。濃い味つけの料理は、炭水化物をよりおいしく感じさせ、必要以上に食欲を増進します。野菜の素材の味を感じとれなければ、やはり味の濃い、市販のドレッシングをたっぷりかけたくなるものです。

そのような濃い味つけの料理は血糖値を急上昇させ、血糖値スパイクを頻発させます。これでは、子どもが勉強に集中できなくなるのも無理はありません。

子どもに「勉強をがんばってほしい」と願うのであれば、**「出汁をとる」という方法で応援**してはいかがでしょうか。

とくに、昆布のグルタミン酸とカツオのイノシン酸が混ざりあう相乗効果は、気持ちをホッと落ち着かせる豊かな味わいがあります。**旨味には味覚を育てるだけでなく、心を癒す作用もある**のです。

なお、同志社大学の八木雅之先生たちの研究では、**出汁にもAGEsの生成を抑える作用がある**ことがわかっています。AGEsの生成抑制率がとくに高いのは、しっかり熟成している枯節《かれぶし》。一般に広く流通している荒節《あらぶし》は、枯節よりは抗糖化作用は落ちますが、それでも十分な抗糖化作用が見られます。

八木先生は牛肉の部位ごとにスープをつくり、AGEsの生成抑制率を比較する研究も行なっています。それによると、アミノ酸の濃度が高い部位ほど抗糖化作用も高いことが判明。旨味の成分はアミノ酸です。**旨味の効いた出汁を飲むことは、糖化から脳細胞を守るうえでも大事**だということです。

そこで、次ページで基本の出汁のとり方を紹介します。ぜひ、毎日の食事づくりの習慣にしてください。なお、もっと手軽に出汁をとりたいならば、天然の素材だけでつくられた出汁パックを利用するという方法もあります。

また、煮干しを粉末状にした出汁粉末があれば、出汁を毎回とらなくても、料理をするときにパパッと加えられるので便利です。

つくり方は簡単。煮干しをフライパンで乾煎《からい》りしたら、頭と内臓を手で除きます。それをミキサーで攪拌《かくはん》して粉末状にすればOK。常温で1カ月は保存できます。煮干し粉は商品化もされています。こうしたものを利用してもよいでしょう。

味噌汁をつくる際にも、煮干し粉があると簡単に奥深い味を楽しめます。ポイントは、水から入れて弱火でじっくり加熱すること。煮干しの深い味わいが出て、おいしい味噌汁ができます。ちなみに、顆粒や固形の出汁のもとを使っている人も多いと思います。便利ではありますが、甘味料や化学物質が使われていることがあります。それならば、煮干し粉を活用するほうが安心して子どもに食べさせられます。

脳も心も
ホッとする

昆布かつお一番出汁

材料 1～2杯分

出汁昆布 …………… 2g
（5×5㎝のもの1枚）
水 ……………… 300ml
カツオ節 …………… 5g

※この分量を基本に、家族の人数にあわせて量を調節してください。多めにつくって冷蔵庫で保存しておくと便利。

1 昆布は表面の汚れをさっと拭いて鍋に入れ、分量の水を注ぎ、30分以上置く。

2 1を弱火にかけてゆっくり温度を上げていき、沸騰直前に昆布をとり出す。

3 ひと煮立ちしたところに、カツオ節を加える。

4 再び煮立ったら1分ほど煮出す。火を止め、キッチンペーパーを敷いたザルにあけ、静かにこす。

※昆布やカツオ節はさまざまなランクのものがありますが、出汁に使うだけならば、スーパーで手に入るもので十分です。

味噌にこだわれば「医者知らず」の心身に

「食べる点滴」「医者知らず」――。

そういわれるほど、**味噌汁は日本人にとって最高のパワーフード**です。

パワーフードとは、おいしくて、食べると元気が出て、気持ちがホッと癒されて、それでいて「よし、がんばろう」と前向きな気持ちにさせてくれる食べもののこと、と私は定義しています。

ところが、「味噌汁は塩分が多いから、高血圧の原因になる」と悪玉視され、味噌汁離れが起こってしまった時期がありました。

しかし、その後の研究によって、「味噌汁は血圧に影響しない」「味噌汁を1日1杯飲む食生活は、血管年齢を10歳ほど改善する」と報告されました。実際、味噌には血圧上昇の原因となる酵素を阻止する成分が含まれています。ですから、親御さんも安心して毎日食べましょう。

ただし、味噌汁の効能を最大限に得るには、味噌の選び方が大切です。そこで、味噌選びのポイントを3点紹介します。

①原材料が「大豆、米（あるいは麦）、塩」だけの味噌を選ぶ

体によい働きをする微生物のことを「プロバイオティクス」といいます。

味噌はまさにプロバイオティクスの宝庫。味噌にすんでいるのは、善玉菌の代表である植物性の乳酸菌です。植物性の乳酸菌は、動物性の乳酸菌よりも胃酸に強く、生きたまま腸に届くとされています。

なお、乳酸菌には、以下のような健康作用があるといわれています。

◎食品添加物など人工的な化学物質の代謝。
◎有害な重金属の排出を促す（水銀、鉛、ヒ素など）。
◎ミネラルの吸収を促す（カルシウム、マグネシウムなど）。
◎基礎代謝を上げる。免疫細胞の生産を助ける（重症化を防ぐ）。

こうした効果を得るには、乳酸菌を生きたまま腸に届け、腸内環境の活性化に働いてもらうことが重要です。

では、味噌の菌が生きているかどうかは、どうするとわかるでしょうか。

1つめのチェックポイントは、「原材料を見る」ことです。**「大豆、米（もしくは麦）、塩」という原材料だけでつくられた商品**は、菌の力だけで熟成させた味噌である可能性が高いといえます。

ただ、それでも、出荷前に加熱処理をし、殺菌している商品も多くあります。スーパーの陳列棚で発酵が進んでガスが発生し、品質が変わったり、パッケージの膨張や破裂したりするのを防ぐためです。

そこで2つめのチェックポイントは、**「容器に小さな空気穴がある」**こと。空気穴は、発酵によるガスを抜くためのものです。つまり、味噌が「生きている証」です。

とはいえ、この2つをポイントに選んでも、「菌が絶対に生きている味噌だ」とも断言できません。腸活になる味噌を選びたいならば、味噌蔵から直接購入するのがいちばんでしょう。インターネットで検索すると、簡単に調べられます。

②天然塩を使っている

菌が生きている味噌づくりをしている味噌蔵は、塩にもこだわります。海塩などの天然塩には、カルシウムやマグネシウム、鉄、カリウムなどのミネラルを含むため、体への作用が穏やかです。一方、食塩は、塩化ナトリウムが99％以上の精製塩。体への吸収が速く、血圧を上げやすくなると考えられています。

③食品添加物を含まない

原材料欄を見て、酒精やアルコールのほか、調味料（アミノ酸等）、ビタミンB_2、保存料（ソルビン酸）などが含まれていたら、乳酸菌はいないと考えてよいでしょう。これらの添加物を加えるのは、短期間で味噌を製造するために、酒精やアルコールで発酵を止め、調味料で旨味を足し、ビタミンB_2などで色を加えるためです。

こうした味噌は安価です。しかし、味噌汁を腸活に役立てたいならば、やはり菌が生きている商品を選びたいところです。ただし、**せっかく菌が生きている味噌を選んでも、煮立ててしまうとその効果が失われます**。一度火を止めてから味噌を溶かし入れれば、それで十分です。再度温める際も、煮立てないように注意しましょう。

「八丁味噌」は糖化を防ぐ力が抜群！

味噌を毎日とることは、糖化を防ぐことにもつながります。

八木雅之先生の研究グループは、発酵食品の抗糖化作用も調査されています。そのなかで、とくに注目されたのが味噌です。

大豆はポリフェノールが豊富です。その大豆を発酵させる味噌には、乳酸菌などの善玉菌が多くすんでいます。ポリフェノールと善玉菌の働きで、味噌はとくに高い抗糖化作用を持っていると八木先生は話されています。

味噌には米味噌、麦味噌、豆味噌がありますが、**とくに抗糖化作用が高いのが豆味噌**です。豆味噌は、大豆に麹をつけた豆麹を使って発酵させるため、原材料は大豆と塩のみ。そのぶん、米味噌や麦味噌より熟成期間が長く、1~3年ほどかかります。

熟成期間が長くなれば、そのぶん菌の数も増え、色も濃くなります。**豆味噌の色が濃いのは、熟成している証**。その代表が「**八丁味噌**」です。

ではなぜ、色の濃い八丁味噌は、味噌のなかでもとくに抗糖化作用が高いのでしょうか？　そこには、メイラード反応が関係していると考えられています。

メイラード反応とは、たんぱく質と糖が結合すること。いわば糖化です。

発酵食品がつくられていく温度は、細菌がいきいきと活動できる、ほどよい温かさです。その温度下で糖化反応がじわじわと進んでいく過程で、「**メラノイジン**」という成分がつくられていきます。

メラノイジンは、食品の風味をつくるとともに、抗酸化作用に優れ、血管を若々しく保ち、便秘の改善にも効くことは、以前からわかっていました。加えて、糖質の消化吸収をゆるやかにし、血糖値の急上昇を防ぐことも明らかにされています。さらに、八木先生たちの研究でメラノイジンには抗糖化作用が高いことも判明したのです。熟成期間が長い豆味噌ほど抗糖化作用が高いのは、メラノイジンの量が多いためです。

なお、醤油の褐色もメラノイジンです。醤油も、抗糖化作用と抗酸化作用がともに高いことが明らかにされています。

乳酸菌は死んでも腸活の役に立つ

味噌は「腸活」によい食品です。

ただし、乳酸菌の種類にもよりますが、75度以上の温度で約15分間加熱すると、多くが死んでしまいます。ちなみに、**乳酸菌がもっとも元気に働くのは40度前後**。だからこそ、味噌汁をつくるときには、味噌を入れたら煮立たせないことが大切です。

味噌汁が熱くなりすぎると、乳酸菌は死んでしまいます。それでも、味噌汁はやはり腸活によいのです。なぜなら、腸内細菌にとって、仲間の菌体は死んだものであったとしても、**最高のエサとなる**からです。

このように、腸内細菌のエサとなり、腸内環境を整えることに役立つ食物成分を「**プレバイオティクス**」と呼びます。

プレバイオティクスは、プロバイオティクスと並んで、腸活に重要な条件です。プレバイオティクスになるのは、仲間の死菌のほかに、水溶性の食物繊維があります。**水溶性の食物繊維**は、以下の食品に豊富です。

◎海藻類、コンニャク、アボカド、オクラ、山イモ、モロヘイヤ、ナメコ、サツマイモ、ニンジンなど

さらに、オリゴ糖も腸内細菌のとてもよいエサになり、腸内環境を整えてくれます。**オリゴ糖**は以下の食品に多く含まれます。

◎大豆、キャベツ、玉ネギ、長ネギ、アスパラガス、海藻、ニンニクなど

こうした食品を味噌汁の具に選んでいくと、プロバイオティクスとプレバイオティクスの両方を摂取することができます。この2つを同時に摂取することを「シンバイオティクス」といい、腸内環境を整える最良の方法として注目されています。

受験メシの効果は「味噌汁」で決まる

味噌汁は、味噌、出汁、具の選び方によって、7つの役割を持たせることができます。すべてが重要です。**受験メシの効果は、味噌汁で完成する**と考えてください。

◎受験メシの効果を決める「味噌汁」7つの役割

1、腸活　シンバイオティクスの実践

・菌が生きている味噌、食物繊維やオリゴ糖の豊富な野菜を使う。

2、抗糖化作用

・熟成の進んだ味噌、天然素材でとった出汁を使う。

3、免疫力アップ
•菌が生きている味噌、ビタミン・ミネラルが豊富な野菜や海藻を使う。

4、セロトニンなど脳内ホルモンの分泌量が増える
•セロトニンやメラトニンの材料になる「トリプトファン」、ドーパミンの材料になる「フェニルアラニン」、GABAの材料になる「グルタミン酸」などのアミノ酸と、合成の過程で使われる「葉酸、ナイアシン、ビタミンB_6、鉄、マグネシウム」を含む食材を具にする。

5、鉄分補給
•鉄を多く含む食材を具にすることで、元気に前向きに受験勉強を行なううえで必要なエネルギーの産生量を増やせる。

6、たんぱく質補給
•味噌汁の具に豆腐、油揚げ、高野豆腐、肉、卵、魚を使うことでたんぱく質の摂取量を増やせる。

7、リラックス効果
•天然素材の出汁を使う。旨味は日本人にとってリラックス効果が高い。

具は「ワカメ」と「高野豆腐」が定番

前項の7つの役割を持たせるために、味噌汁の具は2つを基本にします。

それは、**ワカメ**と**高野豆腐**です。ワカメと高野豆腐を具にするだけで、脳を活性化する味噌汁をつくることができます。

ワカメには、水溶性の食物繊維のほかに、カルシウムやマグネシウム、鉄など、**受験生に不可欠なミネラル**が含まれます。しかも、フコイダンという水溶性の食物繊維も豊富。海外では、フコイダンのサプリメントが広く流通しています。

海藻を食べる習慣のない海外の人が、サプリメントにしてでもフコイダンの摂取を求めるのは、免疫を維持する効果が高いと期待されているためです。実際、がんに対する作用を強調する商品も多く流通しています。

私たち日本人は、ワカメからフコイダンを摂取できます。ちなみに、フコイダンは海藻のぬめりの成分でモズクやメカブにも多く含まれています。ワカメのかわりに、モズクやメカブを味噌汁の具にしても、おいしいですよ。

ワカメやモズク、メカブは、**味噌汁ができあがる直前に入れるのがポイント**。長時間煮ると、風味や食感が失われてしまうので、サッと火を通す程度にしましょう。

また、高野豆腐を味噌汁の具に使う最大の目的は、**鉄を補う**ことです。

鉄の摂取量が足りないと、体はエネルギー不足になり、疲れやすくなります。前述したように、鉄は、酸素を運ぶヘモグロビンの材料であり、エネルギー産生にも重要です。**鉄が不足すると、脳も活発に働けず、イライラしやすくなります**。

高野豆腐は、チップ状の小さなものをストックしておくと便利です。小さくカットしてある高野豆腐は、味噌を溶き入れたあとにパラパラと加えるだけでＯＫ。

脳の活性化に必要な鉄の補給は、高野豆腐を味噌汁の具に使うと簡単にできます。

味噌汁でかしこくビタミン補給をしよう

味噌汁は、具をかえることで不足しがちなビタミンやミネラルの補給源にできます。受験生にとくに**おすすめの具の1つは、小松菜**です。小松菜は亜鉛や鉄、カルシウムなどのミネラルと、ビタミンCや葉酸、β-カロテンが豊富です。

ただ、私たちの体が野菜からカルシウムを吸収できる量は2割ほどと少なめ。ですが、マイタケやしらす干しなど、**ビタミンDを含む食材と一緒に調理する**と、吸収率をグンと高められます。小松菜を味噌汁の具に使ったときには、マイタケやしらす干しを加えるのもおすすめ。マイタケやしらす干しには、ナイアシンも含まれます。

ほかにも大切なビタミンがあります。そこで受験生にとくにとってもらいたいビタミンを5つ、左ページで紹介しましょう。味噌汁の具にすると手軽に摂取できます。

受験生に意識してとらせたい5つのビタミン

① ビタミンB_6

脳内ホルモンの合成をサポート、免疫力アップ

鶏のささみや胸肉、魚類（マグロ、鮭、カツオ）、ニンニク、豆類

② ナイアシン

脳内ホルモンの合成をサポート、エネルギー産生アップ

肉類（鶏胸肉、牛肉、豚肉）、魚類（マグロ、鮭、カツオ）、マッシュルーム

③ 葉酸

脳内ホルモンの合成をサポート、細胞分裂に不可欠

緑黄色野菜（小松菜、ほうれん草、ケール、ブロッコリー）、アボカド、豆類

④ ビタミンC

免疫力アップ、抗酸化作用

小松菜、キャベツ、パプリカ、ピーマン、ケール、ブロッコリー、ジャガイモ

⑤ ビタミンD

カルシウムの吸収促進、免疫の働きをサポート

魚類（鮭、サバ、しらす干し）、キノコ類（干しシイタケ、マイタケ、キクラゲ）、卵黄

憂うつ感をやわらげたい

◎リラックスホルモンのGABAの材料「グルタミン酸」が豊富な食材

➜ しじみ、トマト、白菜、干しシイタケ、海苔など

イライラを止めたい

◎エネルギーの産生量を増やす「ビタミンB群」の豊富な食材

➜ 豚肉など

風邪を防ぎたい、早く治したい

◎体を温める食材

➜ ショウガなど

◎免疫力アップに必要な「ビタミンC」が豊富な食材

➜ 小松菜、大根葉など

◎免疫力を活性化させ、腸活にもなる食材

➜ キノコ類など

腹痛をやわらげたい

◎栄養価が高く、消化がよい食材

➜ 豆腐、豆乳、卵（卵とじにする）など

熟睡したい

◎睡眠ホルモン「メラトニン」の合成を助ける「マグネシウム」が豊富な食材

➜ 豆腐、ワカメ、ほうれん草、マイタケ、カボチャなど

目の健康を守りたい

◎網膜の材料になるビタミンA、β - カロテンが豊富な食材

➜ ニンジン、カボチャ、ほうれん草、ケール、赤パプリカ、ワカメなど

お子さんに必要な「具」の選び方

味噌汁の具は、毎日の子どもの様子を見ながらかえていきましょう。使う食材によって、健康作用をかえていくことができます。ワカメと高野豆腐を基本の具として、１～２種類加えていくと簡単に栄養バランスを整えられます。

Ⓒ 記憶力を高めたい

◎脳の働きを活性化させる栄養素が豊富な食材

→ ツナ缶・鮭（ＤＨＡ）、卵（レシチン）、小松菜・大根葉（カルシウム）など

Ⓒ 脳の働きを活性化させたい

◎抗糖化作用の高いポリフェノールが豊富な食材

→ ケール、モロヘイヤなど

Ⓒ やる気を上げたい

◎やる気のホルモン「ドーパミン」の材料「フェニルアラニン」が豊富な食材

→ 油揚げ、湯葉、納豆、卵など

Ⓒ 緊張をほぐしたい

◎幸せホルモン「セロトニン」の材料「トリプトファン」が豊富な食材

→ 豆腐、卵、鮭、サバ缶（味つけなし）など

Ⓒ 疲れを癒したい

◎エネルギーの産生量を増やす「鉄」が豊富な食材

→ 厚揚げ、納豆、小松菜、ヒジキ、モズク、メカブなど

◎鉄の吸収を促す「ビタミンＣ」が豊富な食材

→ パプリカ（赤、黄とも）、芽キャベツ、ジャガイモ、サツマイモなど

※植物性の鉄は、ビタミンＣと一緒にとると吸収率が高まります。

※ジャガイモやサツマイモは糖質の多い根菜ですが、味噌汁でとる程度ならば、血糖値スパイクを起こす心配はありません。イモ類に含まれるビタミンＣはゆでても壊れにくい性質があります。

おわりに
受験メシは、家族みんなで食べると効果絶大です！

最後になりますが、**受験メシは、お母さんお父さんもぜひ一緒に食べてください。**

朝は時間がないから食べない。子どもの残りものですませてしまう。

これは、いちばんやってはいけないことです。

空腹時間が長くなれば、次に食事をしたときに血糖値スパイクが起こりやすくなります。子どもの残りものだけでは、栄養に偏りが出てしまいます。

その後に起こることは、大人も子どもも一緒。イライラして怒りっぽくなり、記憶力や集中力も落ちます。このようなメンタルで、子どもの受験を考えれば、不安感が強くなってもしかたがありません。

受験期の親に求められるのは、子どもと一緒に不安になることではなく、子どもの不安を包んであげられるドッシリ感。たとえ模試の結果が思うようにいかなくても、「大丈夫。ウチのごはんを食べていれば、なんとかなるって」とドーンと構えて見せてあげられるだけの心の余裕です。その心の余裕は、セロトニンやメラトニン、ドーパミン、GABAという脳内ホルモンが十分に分泌されてこそ得られるものです。

そう考えると、**受験メシが必要なのは受験生とともに、受験生の親御さんでもある**とおわかりいただけるはずです。

親と子は、毎日、同じものを食べています。親子で思考回路や心身の状態が似ているのは、そこに一因があります。親御さんがパワフルに毎日を送れていれば、お子さんもパワフルですし、親御さんが疲れていれば、お子さんも疲れているものです。

疲労とは、エネルギー産生量が不足していることで起こってきます。疲労感が強いときに不足している栄養素は、たんぱく質、ビタミンB群、鉄です。

「最近、疲れているな」

と、感じたら、たんぱく質、ビタミンB群、鉄の摂取を意識して味噌汁をつくる。

そんなことで、私たちの心身の状態はいくらでも高めていくことができます。

つまり、**自分の心身の状態が、子どもの状態を客観視するバロメーター**になる。そう思うと、何をどう食べていくとよいのかが、より明確になるはずです。

そんなふうに受験メシを実践していると、次の健康診断の結果もよくなるはずです。

実際、私は2週間のオンライン血糖コントロールを多くの方々に提供していますが、わずか2週間でみなさん、健康状態を改善されています。

もしも、直近の健康診断の結果があれば、見てください。そこには、あなたの健康状態が記されていますが、じつは、お子さんにも共通する点が多くあります。毎日、同じものを同じように食べているため、栄養の状態は親子で似やすいのです。

とくに注目していただきたいのは、2点です。

1つめは「**アルブミン**」。これは血液中のたんぱく質量を表しています。この値が低い場合は、親子でたんぱく質の摂取量が不足していると予測できます。

2つめは「**ヘモグロビン**」。この数値からは、鉄が不足していないかが確認できます。女性の場合、月経の状態によって貧血の人が多く見られます。それでも、ご自身が貧血ならば、やはり家族みんなで鉄の摂取量が足りていないと予測できます。

受験メシは、家族みんなで食べると効果絶大です!

鉄の摂取量を増やすだけで、心身の状態はとてもラクになるはずです。エネルギー産生量が多くなるからです。

受験メシは、受験生の潜在能力を引き出すための食事法ですが、じつは、**家族みんなが心身ともに健康になれる食事法**でもあるのです。

1カ月も続けているうちに、家族の心身の状態が整ってくるはずです。

ぜひ、できるところからチャレンジし、継続していってください。

なお、レシピに記載した分量は、あくまでも目安です。毎回、分量を計るのは大変。「だいたいこのくらいで大丈夫」と見極める目安と考えると、気楽にチャレンジしていただけると思います。

食事は、今日だけ変えても成果はでません。

しかし、継続することで、想像以上の成果を得られるはずです。

継続は力なり。**勉強も食事も大切なのは続けること**。信じてぜひ習慣化していってくださいね。

管理栄養士　マリー秋沢

受験メシを行なう際の医学的アドバイス

医学博士　真弓絵里子

私は現在、東京駅の前にありますルネスクリニック東京にて内科医をしています。

じつは、私の父も現役の内科医ですが、糖尿病を患っています。病状の改善に向けてさまざまな文献を読んでいくなかで、糖質制限の必要性を知りました。実際にどのような食事やおやつを父に用意するとよいかと模索をしていた時期に、マリー秋沢さんと出会いました。また、父や患者さんに糖質制限の具体的な方法を伝えることで、薬の種類や数がどんどん減っていく経験をしています。

このように、大人の場合は糖質制限によって多くの効果を期待できます。

一方、子どもの場合は大人とは異なります。子どもはまだ成長期であり、臓器の発達過程であることから、個人差はあると思いますが、「脂肪からケトン体というエネルギー源をつくること」や「糖新生」などがうまく行なわれないことが起こりがちです。こうなると、エネルギー不足になったり、低血糖を起こしたりする可能性が出てきます。そのため、**子ども**

は過剰な糖質制限をしてはいけません。過剰な糖質制限とは、主食や根菜類に至るまで、糖質を多く含むものをいっさい食べない、というように、糖質制限をストイックに行なってしまうことです。

一方、**糖質の過剰摂取も子どもの心身の成長の妨げになります。**

糖質の過剰摂取は、清涼飲料水やジャンクフード、食品添加物の多いお菓子などを食べることで起こってきます。また、ごはんやパン、麺類などを大量に食べたり、おかずが少なく主食が食事の半分以上を占めていたり、ということも糖質を過剰に摂取している状態です。

こうしたことも、子どもの心身の成長を考えると避けたいことです。

本書『受験メシ！』では、受験期にあるお子さんが糖質とどのようにつきあっていくとよいかを伝えてきました。部活などを終え、勉強中心の生活になって、運動量の減った状態を基準に考えています。もし、受験生になる前のお子さんに実施される場合には、**運動量にあわせて主食の量を調整**してあげてください。

なお、お子さんや親御さんのなかで、**以下のような持病がある場合には、受験メシの実践は見あわせてください。**受験メシでは、主食の摂取量を減らす一方で、たんぱく質と脂質をしっかり摂取していきます。健康の人には健康増進によいこの食事法が、以下の持病のある方には健康を害する原因になってしまうことがあるためです。

【「受験メシ」が適さない人】

・診断基準を満たす膵炎がある人　・肝硬変の人　・長鎖脂肪酸代謝異常症の人

・尿素サイクル異常症の人　・IgA腎症など慢性腎炎の人　・副腎疲労状態にある人

・甲状腺機能低下症の人

【かかりつけ医の相談が必要な人】

・糖尿病の薬を服用している人、インスリン注射を打っている人

↓低血糖予防のため、受験メシを始める前に必ず医師に相談し、薬の量を調節してもらってください。

【低血糖になりやすい人】

・胃腸機能低下により栄養素の消化吸収がよくない人　・腸内環境が悪化している人

・筋肉量が少ない女性や幼い子ども　・肝機能がよくない人　・ストレスによる副腎疲労状態にある人

参考文献

●Can Eating Omega-3 Fatty Acids in Midlife Help Your Brain?（米国神経学会 2022年10月5日）

●Association of Red Blood Cell Omega-3 Fatty Acids With MRI Markers and Cognitive Function in Midlife: The Framingham Heart Study（Neurology 2022年12月5日）

●N. Sudo et al. Postnatal microbial colonization programs the hypothalamic-pituitary-adrenal system for stress response in mice. J Physiol. 2004, 558, 263–275.

●「緑茶の摂取と認知機能：鶴ヶ谷プロジェクトからの横断的研究1」

●「ローカーボフーズ検定テキスト 2級講座」（一般社団法人　日本ニュートリションフーズ協会）

●国民健康・栄養調査　厚生労働省

●「食品成分表2021」（女子栄養大学出版部）

●医学誌「ザ・ニューイングランド・ジャーナル・オブ・メディスン」（2014年4月17日発表）

編集協力　江尻幸絵
図版作成　宇那木孝俊

受験《じゅけん》メシ！

著　者――マリー秋沢（まりー・あきさわ）
発行者――押鐘太陽
発行所――株式会社三笠書房
〒102-0072 東京都千代田区飯田橋3-3-1
電話：(03)5226-5734（営業部）
：(03)5226-5731（編集部）
https://www.mikasashobo.co.jp
印　刷――誠宏印刷
製　本――若林製本工場
ISBN978-4-8379-4012-8 C0077

＊落丁・乱丁本は当社営業部宛にお送りください。お取替えいたします。
＊定価・発行日はカバーに表示してあります。

T20107